# PLANEJANDO PARA A LIBERDADE

### DEIXEM O MERCADO FUNCIONAR
UMA COLEÇÃO DE ENSAIOS E DISCURSOS

LUDWIG VON MISES

# PLANEJANDO PARA A LIBERDADE

### DEIXEM O MERCADO FUNCIONAR
### UMA COLEÇÃO DE ENSAIOS E DISCURSOS

*Tradução de Fernando A. Monteiro C. D'Andrea*
*Prefácio por Bettina Bien Greaves*
*Introdução à edição brasileira por Fernando A. Monteiro C. D'Andrea*

LVM
EDITORA

Título original: *Planning for freedom: Let the Market System Work - A Collection of Essays and Addresses*
Copyright© da edição brasileira 2024 – LVM editora
Os direitos de publicação desta obra foram gentilmente cedidos pelo Liberty Fund.
Os direitos de publicação dos seguintes ensaios: *The Gold Problem*; *Capital Supply and American Prosperity*; *Liberty and Its Antithesis*; *My Contributions to Economic Theory*, que compõem a obra, foram igualmente cedidos pelo Foundation for Economic Education

Os direitos desta edição pertencem à
LVM Editora
Rua Leopoldo Couto de Magalhães Júnior, 1098, Cj. 46
04.542-001 São Paulo, SP, Brasil
Telefax: 55 (11) 3704-3782
contato@lvmeditora.com.br

**Gerente Editorial** | Chiara Ciodarot
**Editor-Chefe** | Pedro Henrique Alves
**Tradução** | Fernando A. Monteiro C. D'Andrea
**Revisão** | Alexandre Ramos da Silva
**Preparação de texto** | Marcio Scansani/Armada e Pedro Henrique Alves
**Capa** | Mariangela Ghizellini
**Diagramação** | Décio Lopes

Impresso no Brasil, 2024.

Dados Internacionais de Catalogação na Publicação (CIP)
Angélica Ilacqua CRB-8/7057

| | |
|---|---|
| M659p | Mises, Ludwig von, 1881-1973 |
| | Planejando para a liberdade: Deixem o mercado funcionar - uma coleção de ensaios e discursos / Ludwig von Mises; tradução de Fernando Monteiro D`Andrea. – São Paulo: LVM Editora, 2024. 336 p. |
| | ISBN 978-65-5052-179-0 |
| | Título original: *Planning for Freedom and Other essays and adresses* |
| | 1. Política econômica 2. Economia I. Título II. D`Andrea, Fernando Monteiro |
| 24-1215 | CDD 330 |

Índices para catálogo sistemático:
1. Política econômica

Reservados todos os direitos desta obra.
Proibida toda e qualquer reprodução integral desta edição por qualquer meio ou forma, seja eletrônica ou mecânica, fotocópia, gravação ou qualquer outro meio de reprodução sem permissão expressa do editor.
A reprodução parcial é permitida, desde que citada a fonte.
Esta editora empenhou-se em contatar os responsáveis pelos direitos autorais de todas as imagens e de outros materiais utilizados neste livro.
Se porventura for constatada a omissão involuntária na identificação de algum deles, dispomo-nos a efetuar, futuramente, os possíveis acertos.

# Sumário

**13** Prefácio
Bettina Bien Greaves

**21** Introdução à edição brasileira
Fernando A. Monteiro C. D'Andrea

## A economia de livre mercado contra o planejamento governamental

**31** Capítulo 1
Planejando para a liberdade

33 Intervencionismo
36 Como aumentar salários
38 Depressão, a consequência da expansão de crédito
40 Karl Marx sobre o trabalho
42 Níveis salariais e desemprego
47 O papel dos lucros e prejuízos
50 O sistema de mercado serve ao homem comum

**53** Capítulo 2
*Laissez-faire* ou ditadura

55 *Laissez-faire* significa economia de mercado livre
58 O argumento de Cairnes contra o *laissez-faire*
63 "Planejamento consciente" contra "forças automáticas"
65 A satisfação das "verdadeiras" necessidades do homem
67 Políticas "positivas" contra políticas "negativas"
69 Conclusão

## 71 Capítulo 3
## Disponibilidade de capital e a prosperidade norte-americana

72  O investimento em capital aumenta a produção
73  Sob o capitalismo, responsabilidade individual e parcimônia são apreciadas
74  O padrão de vida norte-americano
76  O padrão de vida dos indianos
76  As ideias do *laissez-faire* trouxeram a industrialização para a Inglaterra
78  A Índia carece de ideias capitalistas
80  A inveja alimenta o anticapitalismo
82  Ideias anticapitalistas estão no mundo todo
84  Importância da poupança de capital
87  Escassez de capital
89  Tributação "sufoque os ricos"
91  Para aumentar os salários, aumente o investimento em capital

# Dinheiro, inflação e governo

## 97 Capítulo 4
## O meio do caminho leva ao socialismo

98   Socialismo
98   Intervencionismo
101  Controle de preços
104  Socialismo, o padrão alemão
105  Socialismo, a experiência britânica
107  Uma intervenção leva a outras intervenções
109  Socialismo por intervenção ou expropriação
111  Socialismo através do controle cambial

112 Efeitos da tributação progressiva
113 A tendência para o socialismo
115 Antídoto ao socialismo, ideologia *laissez-faire*

## 117 Capítulo 5
## Inflação e controle de preços

119 O controle de preços leva ao planejamento central
122 Controle de preços na Alemanha
125 Inflação é expansão monetária
127 Os verdadeiros perigos da inflação

## 131 Capítulo 6
## Aspectos econômicos do problema das pensões

135 O mesmo governo que oferece pensões reduz seu poder de compra
139 Gastos governamentais não substituem a acumulação de capital
141 Pensões e aposentadorias dependem de capital e investimento

## 145 Capítulo 7
## Salários, desemprego e inflação

146 Melhores ferramentas ajudam os trabalhadores a produzir mais e ganhar mais
147 Aumentar salários artificialmente causa desemprego
149 A expansão do crédito pode reduzir temporariamente os salários reais e desencadear um *boom*
151 Inflação sem fim leva ao desastre
154 Pressões públicas, políticas e sindicais podem levar o governo à inflação
157 O bem-estar depende da poupança e da formação de capital

**159** Capítulo 8
O problema do ouro

    160  A ficção da onipotência do governo

    162  A falácia do "dinheiro barato"

    165  O fracasso da legislação sobre salário mínimo e da coerção sindical

    168  A consequência inevitável, isto é, as reservas de ouro do governo dos Estados Unidos diminuirão

## Mises: crítico do inflacionismo e do socialismo

**173** Capítulo 9
Benjamin M. Anderson desafia a filosofia dos pseudo-progressistas

    175  Mas aqui as duas linhas divergem

    179  O guia dos progressistas

    182  A luta de Anderson contra o destrucionismo

    186  Anderson e a história econômica póstuma

**191** Capítulo 10
Lord Keynes e a Lei de Say

**203** Capítulo 11
Pedras que viram pão, o milagre keynesiano

**221** Capítulo 12
A liberdade e seu inverso

    222  Liberdade em sociedade significa liberdade de escolha para os indivíduos

    223  Socialismo leva ao controle total

    226  O Estado de Bem-Estar Social leva ao socialismo

    227  O fracasso do planejamento econômico

# Ideias

**235** Capítulo 13
Minhas contribuições para
a Teoria Econômica

    236  Teoria Monetária

    239  O ciclo econômico

    240  O cálculo econômico sob o socialismo

    240  Existe um caminho do meio?

    241  Ação humana

    243  Acumulação de capital e teoria dos juros

    244  O papel do economista: desafiar o erro econômico

**247** Capítulo 14
Ensinando Economia nas universidades

    249  Métodos dos professores "progressistas"

    254  A suposta imparcialidade das universidades

    256  Como a história moderna é ensinada

    260  A proibição da economia sólida

**263** Capítulo 15
As chances políticas do liberalismo genuíno

    264  As ideias das massas vêm dos intelectuais

    265  Programas governamentais aumentam os preços

    268  Perspectivas para um genuíno renascimento liberal

**271** Capítulo 16
Tendências podem mudar

**279** Capítulo 17
Lucros e prejuízos

    281  O empreendedor é o tomador de decisões da empresa

    284  O governo é necessário para preservar e proteger

    285  No mercado, os consumidores são soberanos

288 Capital e fatores de produção são limitados

291 Empreendedores seguem os consumidores quando decidem o que produzir

293 Empreendedores lucram removendo desajustes

295 Lucros transferem capital para aqueles que melhor atendem ao público

298 Os lucros excedem os prejuízos em uma economia que cresce

301 Expressar lucros em termos monetários pode causar problemas

305 Uma especialista em lógica distingue lucros "legítimos" de "ilegítimos"

307 E se os lucros fossem abolidos?

311 Lucros e prejuízos são a bússola do empreendedor

316 A equalização da renda mundial prejudicaria o mercado internacional de capitais

319 Os programas governamentais alcançarão seus objetivos?

323 Homens de negócios melhoram a cooperação social e o bem-estar econômico lucrando

325 O que é moralmente bom promove a cooperação social

327 Os socialistas ignoram o papel da mudança e das decisões empreendedoras na produção e criação de riqueza

330 Os homens devem escolher o capitalismo ou o socialismo: não existe meio-termo

# Prefácio

Bettina Bien Greaves[1]

Em 1947, Ludwig von Mises recebeu uma carta de um completo desconhecido que havia lido seu livro sobre dinheiro. Mas, para o leitor, um parágrafo não fazia sentido, e ele escreveu pedindo esclarecimentos a Mises. O remetente era Fred C. Nymeyer, um empresário do estado norte-americano de Illinois. Em sua resposta, Mises elogiou Nymeyer por sua "meticulosidade e perspicácia crítica" no estudo do livro, e disse que aquilo havia sido muito lisonjeiro para o autor. "Você representa um tipo, infelizmente, muito raro de leitores exigentes, para os quais vale a pena escrever livros"[2]. Como resultado

---

1. Editora e prefaciadora desta obra, editada pelo Liberty Fund em setembro de 2006. As notas de rodapé feitas por Bien Greaves naquela edição aparecerão nesta identificadas por (BBG). (N. R.)
2. Quando Mises verificou o parágrafo que Nymeyer havia questionado (p. 108 na tradução britânica de 1934), ele descobriu que o original alemão havia de fato sido mal-interpretado. "Sua crítica", escreveu ele a Nymeyer, "é plenamente justificada. Caso uma nova edição da tradução para o inglês seja feita, corrigirei a passagem em questão para evitar confusão". Uma tradução corrigida desse parágrafo foi feita nas páginas 129-130 da edição de 2005 do Liberty Fund de The Theory of Money and Credit. (BBG)

dessa correspondência, Nymeyer e Mises logo se conheceram e se tornaram bons amigos.

Nymeyer acreditava que o conhecimento econômico que havia adquirido com o estudo de Mises e da Escola Austríaca de Economia tinha contribuído para o seu sucesso nos negócios, e queria agradecer de alguma forma. Por sugestão de Mises, portanto, Nymeyer publicou em 1951, como monografia, "Profit and Loss" ["Lucros e prejuízos"], um artigo que Mises havia apresentado naquele ano em Beauvallon, França, durante reunião da Mont Pèlerin Society, uma sociedade internacional para a divulgação das ideias do livre mercado. Mais tarde, quando Nymeyer sugeriu publicar uma antologia de vários artigos de Mises, este pediu que "Profit and Loss" fosse incluído. Assim, *Planning for Freedom* [*Planejando para a Liberdade*] foi lançado em 1952 com "Profit and Loss", além de onze outros ensaios e discursos de Mises, selecionados pelo próprio Mises[3]. Uma segunda edição de *Planning for Freedom*, ampliada com um décimo terceiro ensaio, foi publicada em 1962, seguida por uma terceira edição memorial (1974) e uma quarta edição (1980), que republicou mais quatro artigos de Mises, elevando o total para dezessete. As edições posteriores dessa

---

3. Mises sugeriu mais tarde a Nymeyer que a obra em três volumes Kapital und Kapitalzins, do mentor e professor de Mises, Eugen von Böhm-Bawerk, deveria ser traduzida para o inglês em sua totalidade e em sua versão final. Como resultado, Nymeyer financiou a tradução por Hans F. Sennholz, então estudante da Universidade de Nova York e orientado por Mises. O livro foi então publicado como Capital and Interest [Capital e Juros, em tradução livre] pela Libertarian Press, em 1959. (BBG)

antologia, publicada após a morte de Mises em 1973, incluíram também, como homenagem a Mises, vários artigos de outros autores sobre ele. Como esses materiais adicionais foram debatidos na florescente literatura sobre Mises pós-1980, foram excluídos desta edição, tornando *Planning Freedom* novamente uma coletânea de trabalhos somente de Mises. Além disso, os ensaios e artigos acadêmicos desta edição foram reorganizados por assunto em quatro partes: "A economia de livre mercado contra o planejamento governamental", "Dinheiro, inflação e governo", "Mises: crítico do inflacionismo e do socialismo" e "Ideias".

O mundo mudou muito desde que estes artigos foram escritos. A tendência para o intervencionismo foi abrandada em alguns países e acelerada noutros. Notas do editor foram introduzidas nesta edição para explicar algumas dessas mudanças, bem como as referências de Mises a determinados eventos históricos.

Muitos dos artigos desta coletânea foram escritos como discursos. Ao se dirigir a um público ocasional, Mises sempre escolhia suas palavras com cuidado e precisão. Ele procurou abordar temas complexos – inflação, controle de preços, investimento em capital, seguridade social, desemprego, etc. – de maneira simples e fácil para que a audiência pudesse compreendê-lo.

Por exemplo, ao falar sobre controle de preços, se o governo impuser um limite máximo ao preço do leite, por considerar que o preço está demasiadamente alto e para que os pobres possam dar mais leite aos seus filhos, os agricultores, que precisam enfrentar altos custos não mais conseguirão continuar no negócio e deixarão de produzir e vender leite, passando a produzir manteiga, queijo ou carne. O resultado: menos leite para as crianças pobres ("O meio do caminho leva ao socialismo").

Sobre como o mercado funciona:

> Não há nada de automático ou misterioso no funcionamento do mercado. As únicas forças que determinam o estado continuamente flutuante do mercado são os julgamentos de valor dos vários indivíduos, e suas ações conforme dirigidas por aqueles julgamentos de valor. A supremacia do mercado equivale à supremacia dos consumidores. Ao comprarem e ao não comprarem os consumidores determinam não apenas a estrutura de preços, mas também o que deve ser produzido, em quais quantidades, com qual qualidade e por quem. Os consumidores fazem com que homens pobres fiquem ricos e homens ricos fiquem pobres ("Inflação e controle de preços).

Quando tratou do dinheiro, Mises rejeitou a definição imprecisa de inflação como "preços mais altos". Para ele, "nada é inflacionário exceto a inflação, ou seja, o aumento da quantidade de dinheiro em circulação e de crédito. E nas condições atuais ninguém, a não ser o governo, pode criar inflação" ("Salários, desemprego e inflação").

> O resultado inevitável das políticas inflacionárias é uma queda no poder de compra da unidade monetária. Numa sociedade industrial, todos os pagamentos futuros devem ser estipulados em

termos de dinheiro. Estes pagamentos futuros encolhem com a diminuição do poder de compra do dinheiro. Uma política de gastos deficitários (gastos governamentais superiores à arrecadação) mina os alicerces de todas as relações interpessoais e contratos. Frustra todos os tipos de poupança, seguridade social e pensões ("Aspectos econômicos do problema das pensões").

O artigo mais longo, e de longe o mais importante desta coletânea, é "Lucros e prejuízos". Mises foi movido pela firme convicção de que a única maneira de salvar a civilização e de promover a paz e a prosperidade entre as nações era mudar as ideias das pessoas. Ele lutou para educá-las com a única arma que tinha à sua disposição: a palavra, falada e escrita. Ele fez o melhor que pôde para explicar os princípios do livre mercado, o capitalismo e o funcionamento da economia de mercado. A clareza ao se expressar era muitíssimo importante. Quando um aluno fazia uma pergunta em sala de aula, Mises frequentemente incentivava este aluno a anotar suas ideias – para Mises, a disciplina de escrever, de ter que ser preciso naquilo que se estava tentando dizer, poderia ajudar o aluno a responder à sua própria pergunta. Mises, é claro, praticava o que pregava; os livros e artigos que ele escreveu são uma enormidade. Em sua obra-prima, *Human Action* [*Ação Humana*][4], de 1949, Mises escreveu da maneira mais

---

4. Ação Humana foi traduzido para o português por Donald Stewart Jr. Edição (4ª) de luxo conjunta da LVM Editora e do Instituto Liberal, com apoio do Instituto Mises, lançada em 2023. (N. T.)

precisa e clara sobre todos os aspectos da economia. No entanto, depois de publicar *Ação Humana* Mises pensou que poderia melhorar sua explicação sobre lucros e perdas, por isso aproveitou a oportunidade para apresentar um artigo no encontro da Mont Pèlerin Society para explicar de forma ainda mais completa os lucros e prejuízos empresariais. Nessa análise, aqui republicada, ele destrói a ideia marxista de que os lucros privam os trabalhadores da sua participação na produção, de que os lucros provêm da exploração dos consumidores, de que os lucros são uma compensação pela assunção[5] de riscos, pela gestão ou pelo tempo. Empreendedores de sucesso, ressalta Mises, na verdade criam novas riquezas. Eles convertem (transformam, combinam, refinam, transportam) matérias-primas e mão de obra cujo valor não é totalmente reconhecido – ou, em alguns casos, nem mesmo o potencial daqueles recursos como possíveis fatores de produção é reconhecido – em bens e serviços que os consumidores desejam e pelos quais estão dispostos a pagar mais do que os custos incorridos em sua produção. Se os retornos, provenientes dos consumidores, excederem os custos dos empreendedores, estes obterão lucros. E, neste processo, reduzem os desajustes econômicos. Não há nada normal ou garantido sobre o lucro. Um empreendedor cujas ideias, decisões e ações não atendem aos consumidores sofrerá os prejuízos.

---

5. Isto é, o ato de assumir os riscos, de conscientemente tomar as consequências de uma ação. (N. E.)

No ensaio de abertura desta coletânea, Mises aponta para a futilidade de tentar mudar o mundo por meio do planejamento governamental. Ele constantemente fala sobre a importância das ideias, que as ideias mesmas podem mudar e que novas ideias podem mudar o mundo. Qualquer pessoa consciente daquilo que aconteceu no mundo desde que estes artigos foram escritos reconhecerá que novas ideias surgidas nesse meio-tempo mudaram o mundo em muitos aspectos, embora nem sempre no sentido da liberdade. Mas como então Mises recomenda o planejamento para a liberdade? "Não há outro planejamento para a liberdade e o bem-estar geral do que deixar o sistema de mercado funcionar".

*Bettina Bien Greaves*

# Introdução à edição brasileira

Fernando A. Monteiro C. D'Andrea, PHD[6]

Ludwig Heinrich Edler von Mises nasceu em 29 de setembro de 1881 em Lviv, uma pequena cidade do então império Austro-Húngaro, hoje localizada no Oeste do atual território da Ucrânia, perto da fronteira com a Polônia. Filho de judeus, um engenheiro e uma dona de casa, ainda na adolescência Ludwig mudou-se para a capital do então império, e capital intelectual do mundo naquele momento, Viena.

Em 1900, Mises passa a frequentar a Universidade de Viena, um dos centros do debate acadêmico em ciências sociais do mundo naquela época. Enquanto estudante, Mises foi principalmente influenciado pelas ideias do pai da escola Austríaca de Economia, Carl Menger. Ao mesmo tempo, foi também bastante

---

6. Fernando Monteiro D'Andrea é doutor em Empreendedorismo e Professor Asistente de Empreendedorismo na Embry-Riddle Aeronautical University. Atualmente estuda o impacto da incerteza institucional na ação empreendedora.

influenciado pela filosofia de Immanuel Kant e conviveu com vários outros indivíduos que viriam a ser reconhecidos como grandes intelectuais em diversas áreas das ciências sociais no século XX. Em 1906, Mises consegue seu doutorado (*Juris Doctor*), com foco em economia, sob orientação de Eugen von Böhm-Bawerk, um influente intelectual, servidor público e economista que foi Ministro das Finanças do império Austro-Húngaro por aproximadamente uma década. Depois de formado, além de se tornar professor universitário na mesma instituição, Mises passou a trabalhar na Câmara de Comércio e Indústria da Áustria, posição que ocuparia até a sua saída da país, fugindo da perseguição Nazista, em 1934. Neste ínterim, Mises foi à linha de frente durante a Primeira Guerra Mundial e, talvez mais importante, fundou e manteve uma importante reunião acadêmica semanal, o *Privatseminar,* um seminário privado que reunia alguns dos mais brilhantes pensadores das ciências sociais da época, professores e alunos, além de pessoas que viriam a ser importantes em diferentes áreas do conhecimento no século XX. Nomes como os economistas Friedrich August von Hayek – que seria responsável por começar a divulgação dos trabalhos de Mises em língua inglesa na década de 1930 –, Oskar Morgenstern, e o filósofo Eric Voegelin, frequentaram os seminários em Viena. Depois de uma breve passagem pela Suíça, Mises, já um senhor de mais de sessenta anos e em meio à ameaça Nazista na Segunda Guerra Mundial, emigrou para os Estados Unidos em 1940 e se radicou em Nova York.

À época, Mises era considerado uma relíquia do tempo no qual o liberalismo econômico parecia ser o modelo a ser adotado. O fato de ser abertamente contrário ao planejamento central e se negar a adotar os métodos adaptados das ciências naturais nos estudos de economia colaboraram para que ele não conseguisse um emprego acadêmico formal. Trabalhando como autor e intelectual público, e com uma posição não remunerada na New York University, em 1948 Mises reiniciou o *Privatseminar* mantendo-o ativo até 1969. Na versão americana pessoas como os economistas Murray N. Rothbard, Israel Kirzner e o historiador Ralph Raico estiveram entre os participantes. Ele faleceria em 1973, aos noventa e dois anos.

Como fica claro neste breve relato, Mises sempre manteve atividades dentro e fora da academia. Embora seus tomos sejam direcionados aos leitores mais atentos e interessados nos pormenores. Muitas outras publicações são endereçadas a pessoas que têm menos tempo, ou menos interesse, para dedicar à estudos tão áridos como podem ser aqueles em economia. Nesta área se encontram textos já disponíveis em português, como *As Seis Lições*, e também o presente volume *Planejando para a Liberdade*. O livro que agora tens em mãos é uma seleção de monografias, palestras e discursos proferidos por Mises para plateias majoritariamente não acadêmicas. Como resultado do público ao qual eram endereçados, os textos são de fácil leitura. Mises era cuidadoso ao escolher suas palavras, assim, nos textos inclusos neste livro, ele simplifica as explicações de assuntos complexos, dentre eles o intervencionismo, a moeda e a inflação, o controle de preços, o desemprego e outros. Portanto, tais textos são ideais para o leitor casual e para quem deseja entender as ideias de Mises através de sua própria pena, sem que este entendimento signifique ser demasiadamente raso.

São ao todo dezessete trabalhos. Na primeira edição de *Planejando para a Liberdade* o próprio Mises escolheu doze falas para serem transcritas e publicadas. Em edições posteriores, outras cinco foram adicionadas, dentre elas a mais importante contribuição neste livro, a que encerra o volume, *Lucros e Prejuízos*. Este texto foi originalmente apresentado na reunião da Sociedade *Mont Pelerin* de 1951, em Beauvallon, na França. Nele, Mises desenvolve um tema que havia apresentado anteriormente, mas, em sua opinião, de maneira insatisfatória. No texto ele fala sobre o motor da economia, a mais importante função econômica, o empreendedor e sobre como essa função está relacionada à existência de lucros e prejuízos.

Mises enfatiza a possibilidade de prejuízos empresariais, fato geralmente ignorado pelos críticos daqueles que, eventualmente, lucram. Ele apresenta também os erros comuns na compreensão dos lucros. Dentre esses equívocos estão a ideia de que lucros impedem os trabalhadores de ter acesso à parte da produção que lhes seria justa, ou que lucros advêm da exploração dos consumidores ou ainda que eles são o pagamento pelo trabalho do empreendedor. Mises explica que, na verdade, os lucros são o pagamento do empreendedor por ter entregue valor ao qual os consumidores não tinham acesso antes. O empreendedor cria riqueza que não existia anteriormente e, por isso e somente assim, lucra.

O livro está organizado em quatro partes, seguindo a lógica dada à eles na última edição norte-americana, de 2006. Começa-se com "A economia do Livre mercado contra o Planejamento Governamental", com três textos, inclusive o que dá nome ao livro; seguido por "Dinheiro, Inflação e Governo" com cinco textos, inclusive aquele no qual defende que "O meio do caminho leva ao Socialismo". Na terceira parte, "Mises: Crítico do Inflacionismo e do Socialismo", composta por quatro textos, Mises fala sobre os problemas das ideias progressistas e de suas derivadas e, em especial dos erros e das consequências dos erros cometidos por John Maynard Keynes – junto a ele, um dos mais influentes economistas do início do século XX; por fim, em "Ideias", composto de cinco textos, Mises fala de suas contribuições para a economia, sobre as chances políticas do liberalismo e, finalmente sobre o papel do empreendedor na economia de mercado incluindo o que são e qual o papel dos lucros e prejuízos.

Por fim, pode parecer contraditório que o "último cavaleiro do liberalismo", um dos maiores liberais da historia tenha escrito um livro intitulado *Planejando para a Liberdade*. O título tem claramente o objet⁻ de ser provocador. Ao contrário do que desaᵛ costumam pensar, Mises era totalmente ⸳ planejamento, desde que esse fosse ⸳

indivíduos livres de coerção e que eles fossem responsabilizados pelos benefícios e eventuais malefícios dos seus atos. No primeiro texto da coleção, também chamado "Planejando para a Liberdade", Mises aponta o absurdo que é tentar mudar o mundo por meio do planejamento central. Ele diz claramente que a única maneira possível de planejar a liberdade e o bem-estar geral é evitar o intervencionismo, é deixar que o mercado funcione.

O crescimento da aplicação e, principalmente, a normalização das ideias intervencionistas nas últimas décadas é avassalador. Exemplos relativamente modernos como "o estado empreendedor", a teoria monetária moderna, e os vários cerceamentos de liberdade ao redor do mundo por "crimes de opinião" demonstram que Mises, uma vez mais, estava certo. A tendencia intervencionista faz com que seja cada vez mais necessário falar sobre o tema e apresentar de maneira mais simples do que num costumeiro livro técnico, as consequências malignas que graus cada vez mais altos de intervencionismo, inevitavelmente, irão trazer.

Mises acreditava que mudar as ideias é a única maneira de mudar o mundo. Esse é um tema que permeia o livro. Mudar as ideias é possível, vide o que ocorreu com o mundo nos últimos cento e cinquenta anos – não necessariamente em direção à ideias de maior liberdade – e como boa parte das ideias hoje consideradas comuns seriam percebidas há apenas duas, três, cinco ou oito décadas. Mudar as ideias é o passo inicial para que a prosperidade e paz possam ser um objetivo viável. Este livro nos apresenta ideias que têm esse poder, e critica várias outras que vão na direção contrária. Aqui se defendem ideias que refutam o intervencionismo em suas diversas vertentes, desde maneiras aparentemente mais brandas até aquelas que mais diretamente atacam as liberdades individuais. Estas ideias intervencionistas defendem que um poder político possa, e deva, decidir como as pessoas devem se comportar, o que devem comprar, com quem devem comerciar, por onde podem andar etc. As ideias apresentadas por Mises contrariam os intervencionistas e centralizadores de poder de todas as matizes, desde os sociais democratas até os mais ferrenhos socialistas. Elas representam o liberalismo econômico em sua compreensão mais cristalina. Elas colocam os indivíduos, em especial os empreendedores como motores do desenvolvimento através de suas ações e das trocas livres e mutuamente benéficas que eles proporcionam com os resultados de suas produções.

Dado nosso atual infeliz cenário, se quisermos ainda ter a possibilidade de ver um Brasil melhor, cabe a nós colocar estas boas ideias em circulação e continuar a defendê-las. Afinal, somente ideias são capazes de combater a escuridão. Tenho certeza que Mises continuará nos inspirando e nos dando fundamento intelectual nesta jornada.

Boa leitura,

*Port Orange, Florida, Março de 2024*

Não há outro plano para a liberdade e para o bem-estar geral da população do que deixar o sistema de mercado funcionar.

***Planejando para a liberdade***

A discussão não é sobre planejar ou não planejar. A questão é: quem deve planejar? Cada membro da sociedade deveria planejar para si mesmo ou o governo paternalista deveria, sozinho, planejar para todos?

***Laissez-faire ou ditadura***

# A ECONOMIA DE LIVRE MERCADO CONTRA O PLANEJAMENTO GOVERNAMENTAL

# CAPÍTULO 1
# Planejando para a liberdade[7]

"Planejamento" e intervencionismo

O termo "planejamento" é geralmente usado como sinônimo de socialismo, comunismo e controle econômico autoritário e totalitário. Às vezes, apenas o padrão alemão de socialismo – *Zwangswirtschaft*[8] – é chamado planejamento, enquanto o termo "socialismo", propriamente dito, é reservado para o padrão russo de socialização total e operação burocrática de todas as fábricas, lojas e fazendas. De qualquer forma, planejamento, neste sentido, significa um tipo de ordenamento abrangente por parte do governo, e a execução desses planos por meio de seu poder de polícia. Planejar, assim, significa controle total do governo sobre os negócios. É a antítese da livre iniciativa, da iniciativa privada, da propriedade

---

7. Discurso na American Academy of Political and Social Science [Academia Americana de Ciências Políticas e Sociais] em Filadélfia, 30 mar. 1945.
8. Zwang (alemão), compulsório; Wirtschaft (alemão), economia; portanto, "economia compulsória". (BBG)

privada dos meios de produção, da economia de mercado e do sistema de preços. O planejamento e o capitalismo são fundamentalmente incompatíveis. Num sistema de planejamento, a produção é conduzida de acordo com as ordens governamentais, e não de acordo com os planos dos capitalistas e empresários ansiosos por lucrar satisfazendo melhor as necessidades dos consumidores.

Mas também se usa o termo "planejamento" num segundo sentido. Lord Keynes[9], Sir William Beveridge, o Professor Hansen, e muitos outros homens eminentes, afirmam que não querem substituir a liberdade pela escravidão totalitária. Eles declaram que estão planejando uma sociedade livre. Recomendam um terceiro sistema, que, como dizem, está igualmente distante do socialismo e do capitalismo; que, como uma terceira solução para o problema da organização econômica da sociedade, fica no meio do caminho entre os outros dois sistemas e, ao manter as vantagens de ambos, evita as desvantagens inerentes a cada um deles.

Esses autoproclamados progressistas estão certamente enganados quando fingem que suas propostas são novas e inéditas. Na verdade, a ideia dessa terceira via é muito antiga, e os franceses há muito tempo a batizaram com um nome pertinente; eles chamam isso

---

[9]. Como já percebido pelo leitor, este livro é uma reunião de ensaios, e, como característica inerente dos ensaios eles têm uma constituição mais livre de escrita e referência, por vezes soando até mesmo informal. Dessa maneira, buscamos manter a forma textual ensaística da obra, pois foi assim que a editora e o próprio Ludwig von Mises conceberam sua organização e exposição. Buscamos não fazer intervenções, a não ser aquelas que julgamos de extrema necessidade. (N. E.)

de intervencionismo. Dificilmente haverá dúvidas de que a história ligará a ideia de segurança social menos ao New Deal americano e Sir William Beveridge do que a Bismarck, a quem nossos antepassados dificilmente descreveriam como um liberal. Todas as ideias essenciais do progressismo intervencionista atual foram claramente expostas pelas melhores mentes da Alemanha imperial, os professores Schmoller e Wagner, que ao mesmo tempo incitaram o seu Kaiser a invadir e conquistar as Américas. Longe de mim querer condenar qualquer ideia apenas por não ser nova. Mas como os progressistas caluniam todos os seus oponentes como antiquados, ortodoxos e reacionários, é conveniente observar que seria mais apropriado falar do choque de duas ortodoxias: a ortodoxia de Bismarck *versus* a ortodoxia de Jefferson.

## INTERVENCIONISMO

Antes de começar uma investigação sobre o sistema intervencionista de uma economia mista, dois pontos devem ser esclarecidos:

Primeiro: se numa sociedade baseada na propriedade privada dos meios de produção alguns destes meios forem propriedades operadas pelo governo ou pelos municípios, isso ainda não contribui para um sistema misto que combine o socialismo e a propriedade privada. Desde que somente algumas empresas sejam controladas publicamente, as características da economia de mercado que determinam a atividade econômica permanecem essencialmente inalteradas.

As empresas públicas, como compradoras de matérias-primas, produtos semiacabados e mãos-de-obra, bem como vendedoras de bens e serviços, também devem se enquadrar no mecanismo da economia de mercado. Elas estão sujeitas às leis do mercado; precisam lutar por lucros ou, pelo menos, evitar prejuízos. Quando se tenta mitigar ou eliminar esta relação com o mercado, cobrindo as perdas dessas empresas estatais com subsídios vindos de fundos públicos, o único resultado possível é uma transferência dessa dependência para com o mercado para outro lugar. Isto acontece porque os meios para os subsídios têm de ser coletados em algum lugar. Isto pode ocorrer através da coleta de impostos. Mas, por princípio, o peso de tais impostos será sentido pela população e não pelo governo que cobra o imposto. É o mercado, e não o departamento de receitas que decide sobre quem recai o imposto e como ele afeta a produção e o consumo. O mercado e a sua lei inescapável são supremos.

Segundo: existem dois padrões diferentes para a realização do socialismo. Um padrão – podemos chamá-lo de padrão marxista ou russo – é puramente burocrático. Todas as empresas são departamentos do governo, tal como a administração do exército e da marinha ou os correios. Cada fábrica, loja ou fazenda está na mesma relação com a organização central superior que uma subsidiária dos correios está com a agência do correio geral. A nação inteira forma um único exército de trabalho com serviço obrigatório; o comandante desse exército é o chefe de Estado.

O segundo padrão – podemos chamá-lo de sistema alemão ou *Zwangswirtschaft* – difere do primeiro porque, aparente e nominalmente, mantém a propriedade privada dos meios de produção, o empreendedorismo e as trocas de mercado. Os chamados empreendedores compram e vendem, pagam os trabalhadores, contraem dívidas, pagam juros e amortizações. Mas eles não são mais empreendedores. Na Alemanha nazista eles eram chamados de gerentes ou *Betriebsführer*[10]. O governo diz a estes aparentes empreendedores o que e como produzir, a que preços e de quem comprar, a que preços e para quem vender. O governo decreta quais salários os trabalhadores devem receber e a quem e em quais termos os capitalistas devem emprestar o seu capital. As trocas de mercado são apenas farsas. Como todos os preços, salários e taxas de juro são fixados pela autoridade, eles se tornam preços, salários e taxas de juros apenas na aparência; na verdade, são apenas termos quantitativos nas ordens autoritárias que determinam o rendimento, o consumo e o nível de vida de cada cidadão. A autoridade, e não os consumidores, dirige a produção. O conselho central de administração da produção é supremo; todos os cidadãos nada mais são do que funcionários públicos. Isto é socialismo com a aparência exterior do capitalismo. Alguns rótulos da economia de mercado capitalista são mantidos, mas,

---

10. O significado varia através das interpretações que se dá ao contexto no qual a palavra é empregada, num sentido geral quer dizer "gerente de produção" ou "líder de produção". (N. E.)

nesse ambiente, significam algo completamente diferente do que significam numa economia de mercado.

É necessário salientar este fato para evitar uma confusão entre socialismo e intervencionismo. O sistema de economia de mercado restrito[11] ou intervencionismo difere do socialismo pelo próprio fato de ainda ser uma economia de mercado. A autoridade procura influenciar o mercado através da intervenção do seu poder coercitivo, mas não quer eliminar completamente o mercado. Deseja que a produção e o consumo se desenvolvam segundo linhas diferentes daquelas prescritas pelo mercado livre, e quer atingir o seu objetivo injetando no funcionamento do mercado ordens, comandos e proibições, para cuja aplicação o poder de polícia e o aparato de coerção e compulsão do Estado estão de prontidão. Mas estas são intervenções isoladas; os seus autores afirmam que não buscam combinar estas medidas num sistema completamente integrado que regule todos os preços, salários e taxas de juro, e que assim coloque o controle total da produção e do consumo nas mãos das autoridades.

## Como aumentar salários

O princípio fundamental dos economistas verdadeiramente liberais, que hoje em dia são comumente tachados de ortodoxos, reacionários e monarquistas econômicos é este: não há outro meio pelo qual o padrão de vida geral possa ser elevado a não ser

---

11. No original: hampered market economy. (N. T.)

acelerando o aumento do capital em comparação com o aumento da população. Tudo o que um bom governo pode fazer para melhorar o bem-estar material das massas é estabelecer e preservar um ambiente institucional no qual não haja obstáculos à acumulação progressiva de capital novo e ao seu uso para a melhoria dos métodos de produção. O único meio de aumentar o bem-estar de uma nação é aumentar a produção e melhorar a qualidade dos produtos. O único meio de aumentar permanentemente os salários para aqueles que desejam ser assalariados é aumentar a produtividade do trabalho, e isto só ocorre aumentando a *quota per capita* de capital investido e melhorando os métodos de produção. Assim, os liberais concluem que a política econômica mais adequada para servir os interesses de todos os estratos de uma nação é o comércio livre, tanto dentro das nações como nas relações internacionais.

Os intervencionistas, pelo contrário, acreditam que o governo tem o poder de melhorar o nível de vida das massas, em parte à custa dos capitalistas e dos empresários, em parte sem qualquer custo. Estas pessoas recomendam a restrição dos lucros e a equalização de rendimentos e fortunas através de impostos confiscatórios, a redução da taxa de juros através de uma política monetária frouxa e da expansão do crédito, e a elevação do padrão de vida dos trabalhadores através da aplicação de leis de salário mínimo. Eles defendem grandes gastos governamentais. Ao mesmo tempo, curiosamente, são a favor de preços baixos para os bens de consumo e de preços elevados para os produtos agrícolas.

Os economistas liberais, isto é, aqueles chamados jocosamente de ortodoxos, não negam que algumas destas medidas podem, em curto prazo, melhorar a situação de algumas parcelas da população. Mas, dizem eles, no longo prazo, estas medidas produzirão efeitos que, do ponto de vista do governo e daqueles que apoiam tais políticas, são menos desejáveis do que a situação anterior que o governo buscava alterar. Estas medidas são, portanto, quando julgadas do ponto de vista dos seus próprios defensores, contrárias à finalidade que se buscava atingir.

## Depressão, a consequência da expansão de crédito

É verdade que muitas pessoas acreditam que a política econômica não deveria prestar nenhuma atenção às consequências no longo prazo. Eles citam uma máxima de Lord Keynes: "No longo prazo todos estaremos mortos". Não questiono a veracidade dessa afirmação; considero-a mesmo a única declaração correta da escola neobritânica de Cambridge. Mas as conclusões tiradas desse truísmo são totalmente falaciosas. O diagnóstico exato dos males econômicos do nosso tempo é: sobrevivemos no curto prazo e estamos sofrendo as consequências de longo prazo de políticas que não levaram em consideração que essas consequências ocorreriam. Os intervencionistas silenciaram as vozes de advertência dos economistas. Mas as coisas evoluíram precisamente como estes estudiosos ortodoxos tão achincalhados haviam previsto. A depressão é o resultado da expansão do crédito; o desemprego em massa prolongado ano após ano trata-se do efeito inexorável das tentativas de manter os salários acima dos níveis que teriam num mercado livre. Todos esses males que os progressistas interpretam como prova do fracasso do capitalismo são o resultado necessário de uma alegada interferência no mercado que deveria ser para o bem social. É verdade que muitos autores que defenderam estas medidas, e muitos estadistas e políticos que as executaram, foram movidos por boas intenções e queriam melhorar a vida das pessoas; mas os meios escolhidos para atingir os objetivos eram inadequados. Por mais boas que sejam as intenções, elas jamais poderão fazer com que meios inadequados passem a ser adequados.

É preciso enfatizar que estamos discutindo meios e medidas, não fins. O que está em questão não é se as políticas defendidas pelos autoproclamados progressistas devem ser recomendadas ou condenadas a partir de qualquer ponto de vista arbitrário e preconcebido. O problema essencial é saber se tais políticas podem, de fato, atingir os objetivos pretendidos.

É incorreto confundir o debate falando sobre questões acidentais e irrelevantes. É inútil desviar a atenção do problema principal difamando os capitalistas e os empresários, glorificando as virtudes do homem comum. Precisamente porque o homem comum é digno de toda consideração é necessário evitar políticas que prejudiquem o seu bem-estar.

A economia de mercado é um sistema integrado cujos fatores interligados condicionam-se e determinam-se mutuamente. O aparato social de coerção e compulsão, ou seja, o Estado, certamente tem o poder de interferir no mercado. O governo ou as agências às quais o governo, por privilégio legal ou por indulgência, deu poder para aplicar pressão, violentamente e com impunidade, estão em posição de decretar que certos fenômenos de mercado são ilegais. Todavia, essas medidas não produzem os resultados que a potência interferente pretende alcançar, tais medidas somente tornam as condições mais insatisfatórias para a autoridade interferente. Elas desintegram totalmente o sistema de mercado, paralisam o seu funcionamento e provocam o caos.

Se considerarmos que o funcionamento do sistema de mercado é insatisfatório, devemos tentar substituí-lo por outro sistema. É isso que os socialistas pretendem. Mas o socialismo não é o tema da nossa discussão. Fui convidado para tratar do intervencionismo, isto é, falar das várias medidas destinadas a melhorar o funcionamento do sistema de mercado, e não a aboli-lo completamente. E o que afirmo é que tais medidas necessariamente produzem resultados que, do ponto de vista dos seus apoiadores, são mais indesejáveis do que a situação anterior que eles desejavam alterar.

## KARL MARX SOBRE O TRABALHO

Karl Marx não acreditava que a interferência de governos ou sindicatos no mercado pudesse atingir os fins esperados. Com sua linguagem franca, Marx e os seus seguidores consistentes condenaram tais medidas como disparates reformistas, fraude capitalista e idiotice pequeno-burguesa. Eles chamaram os defensores de tais medidas de reacionários. Clemenceau tinha razão quando disse: "Você sempre será reacionário na opinião de alguém".

Karl Marx declarou que, no capitalismo, todos os bens materiais e o trabalho são mercadorias, e que o socialismo abolirá o caráter de mercadoria tanto dos bens materiais como do trabalho. A noção de "caráter de mercadoria" é específica da doutrina marxista; não foi usada antes. O seu significado é que os bens e o trabalho são negociados nos mercados, vendidos e comprados com base em seu valor. Para Marx, o caráter mercantil do trabalho está implícito na própria existência do sistema salarial. Tal caráter só pode desaparecer na "fase superior" do comunismo, como consequência do desaparecimento do sistema salarial e do pagamento dos salários. Marx teria ridicularizado os esforços para abolir tal caráter de mercadoria do trabalho por meio de um tratado internacional e do estabelecimento de um Ministério Internacional do Trabalho, de legislação nacional e da alocação de recursos em vários ministérios nacionais. Menciono essas coisas apenas para mostrar que os progressistas estão completamente enganados ao mencionarem Marx, e a doutrina do caráter mercantil do trabalho, em suas disputas contra economistas ditos "reacionários".

## Níveis salariais e desemprego

O que os antigos economistas ortodoxos disseram foi o seguinte: um aumento permanente nos níveis salariais para todas as pessoas ansiosas por ganhar salários só é possível na medida em que a *quota per capita* de capital investido e, concomitantemente, a produtividade do trabalho, aumentem. A fixação de um salário mínimo mais alto do que o livre mercado teria fixado não beneficia o povo. Não importa se tal mudança é realizada por decreto governamental ou por pressão e compulsão sindical. Em ambos os casos, o resultado é pernicioso para o bem-estar de uma grande parte da população.

Num mercado de trabalho livre, os salários são determinados pela interação entre oferta e demanda, num nível em que todos aqueles que desejam trabalhar possam, por fim, encontrar emprego. Num mercado de trabalho livre, o desemprego é temporário e nunca afeta mais do que uma pequena fração da população. Neste ambiente prevalece uma tendência contínua para o desaparecimento do desemprego. Mas caso os salários sejam aumentados pela interferência do governo, ou dos sindicatos, acima deste nível[12], as coisas mudam. Enquanto apenas uma parte da mão de obra estiver sindicalizada, o aumento salarial imposto pelos sindicatos não conduzirá ao desemprego, mas a um aumento da oferta de mão de obra nos ramos de negócios onde não existem sindicatos eficientes, ou

---
12. De regulação natural do mercado. (N. E.)

onde não existe sindicato algum. Os trabalhadores que perderam o emprego em consequência da política sindical entram no mercado dos ramos de atividade nos quais os salários continuam sendo livres e provocam a queda dos salários nestes ramos.

O corolário do aumento dos salários dos trabalhadores organizados é uma queda nos salários dos trabalhadores não organizados. Mas caso a fixação de taxas salariais acima do nível do mercado potencial se generalizar, os trabalhadores que perdem os seus empregos não poderão encontrar emprego noutros ramos. Eles permanecem desempregados. Nesse ambiente, o desemprego surge como um fenômeno de massas que se prolonga ano após ano. Tais foram os ensinamentos dos economistas ortodoxos. Ninguém conseguiu refutá-los. Era muito mais fácil falar mal de seus autores. Centenas de tratados, monografias e panfletos zombavam deles e os xingavam. Romancistas, dramaturgos e políticos juntaram-se ao coro de abusadores. Mas a verdade tem seu próprio caminho. Funciona e produz efeitos mesmo que os programas partidários e os manuais se recusem a reconhecê-la. Os acontecimentos provaram a precisão das previsões dos economistas ortodoxos. O mundo enfrenta o tremendo problema do desemprego em massa.

É inútil falar de emprego e desemprego sem uma referência precisa a um salário. A tendência inerente à evolução capitalista é aumentar constantemente os salários reais. Este resultado é efeito da acumulação progressiva de capital, por meio da qual os métodos de produção são melhorados. Sempre que a acumulação de capital adicional para, esta tendência também paralisa. Se o consumo de capital substituir o crescimento do capital, os salários reais deverão cair temporariamente até que sejam removidos os controles a um novo aumento do capital. O mau investimento, isto é, o desperdício de capital que é a característica mais clara da expansão do crédito e da orgia do *boom* fictício que ela produz, o confisco de lucros e fortunas, e as guerras e revoluções exercem tais freios à contínua acumulação de capital. É triste constatar que tais acontecimentos diminuam temporariamente o nível de vida das massas. Mas estes fatos tristes não podem ser ignorados por ilusões. Não há outros meios para eliminá-los além dos recomendados pelos economistas ortodoxos: uma política monetária sólida, parcimônia nas despesas públicas, cooperação internacional para salvaguardar uma paz duradoura, e liberdade econômica.

Os remédios sugeridos pelos doutrinários heterodoxos são inúteis. A sua aplicação piora as coisas, ao invés de melhorá-las.

Há homens bem-intencionados que encorajam os líderes sindicais a fazerem apenas uso moderado dos seus poderes. Mas estas exortações são em vão porque seus autores não percebem que os males que pretendem evitar não se devem à falta de moderação nas políticas salariais dos sindicatos. Os males são o resultado necessário de toda a filosofia econômica que fundamenta as atividades sindicais no que diz respeito aos níveis salariais. Não é minha tarefa investigar quais os bons efeitos que os sindicatos poderiam trazer noutros domínios, por exemplo, na educação, na formação profissional, etc. Eu trato apenas de suas políticas salariais. A essência destas políticas é impedir que os desempregados encontrem empregos oferecendo-se para trabalhar por salários mais baixos que os sindicalizados. Esta política divide toda a força de trabalho potencial em duas classes: os empregados, que ganham salários mais elevados do que aqueles que ganhariam num mercado de trabalho livre, e os desempregados, que não ganham absolutamente nada. No início da década de 1930, os salários nominais neste país[13] caíram menos do que o custo de vida. Os salários reais aumentaram enquanto o desemprego aumentava de maneira catastrófica. Para muitos dos empregados, a depressão significou um aumento no padrão de vida, enquanto os desempregados foram vítimas. A repetição de tais condições só pode ser evitada descartando-se totalmente a ideia de que a compulsão e a coerção sindicais podem beneficiar todos aqueles que desejam trabalhar e ganhar salários. O que é necessário não são avisos esfarrapados. É preciso convencer os trabalhadores de que as políticas sindicais tradicionais não servem aos interesses de todos, mas apenas aos de um grupo. Embora na negociação individual os desempregados tenham voz, em uma negociação coletiva eles são excluídos. Os dirigentes sindicais não se preocupam

---

13. Estados Unidos. (N. E.)

com o destino dos não-membros e especialmente não se preocupam com o destino dos iniciantes ansiosos por entrar na sua indústria.

Os salários definidos por sindicatos são fixados num nível em que uma parte considerável da mão de obra disponível permanece desempregada. O desemprego em massa não é a prova do fracasso do capitalismo, mas a prova do fracasso dos métodos sindicais tradicionais.

As mesmas considerações se aplicam à determinação de níveis salariais por agências governamentais ou por arbitragem. Se a decisão do governo ou do árbitro fixar os salários ao nível do mercado, será supérflua. Se fixar os salários num nível acima do mercado, produzirá desemprego em massa.

A panaceia da moda, gastos públicos volumosos, não é menos fútil. Se o governo fornecer os fundos necessários através da tributação dos cidadãos ou da contração de empréstimos junto do público, por um lado extingue tantos empregos quantos cria do outro. Se os gastos do governo forem financiados por empréstimos de bancos comerciais, isso significa expansão do crédito e inflação. Então os preços de todas as mercadorias e serviços precisarão subir, independentemente do que o governo faça para evitar este resultado.

Se, no curso de uma inflação, o aumento dos preços das matérias-primas exceder o aumento dos salários nominais, o desemprego diminuirá. Mas o que faz o desemprego diminuir é precisamente o fato dos salários reais estarem caindo. Keynes recomendou a expansão do crédito porque acreditava que os assalariados concordariam com este resultado; ele acreditava que "uma redução gradual e automática dos salários reais como resultado do aumento dos preços" não encontraria uma resistência tão forte por parte dos trabalhadores como uma tentativa de baixar os salários nominais. É muito improvável que isso aconteça. A opinião pública está plenamente consciente das mudanças no poder de compra e acompanha com muito interesse os movimentos do índice de preços das matérias-primas e do custo de vida. A substância de todas as discussões relativas aos salários são sobre os salários reais e não os nominais. Não há qualquer perspectiva de enganar os sindicatos com estes truques.

Mas mesmo que a suposição de Lord Keynes estivesse correta, nada de bom poderia vir de tal enganação. Grandes conflitos de ideias devem ser resolvidos por métodos diretos e francos; eles não podem ser resolvidos por artifícios e improvisações. O que é preciso não é jogar poeira nos olhos dos trabalhadores, mas sim convencê-los. Eles próprios devem compreender que os métodos sindicais tradicionais não servem aos seus interesses. Eles próprios devem abandonar, por sua própria vontade, políticas que prejudicam tanto a eles como a todas as outras pessoas.

## O PAPEL DOS LUCROS E PREJUÍZOS

O que aqueles que dizem estar planejando a liberdade não entendem é que o mercado, com seus preços, é o mecanismo que direciona o sistema de livre iniciativa.

A flexibilidade dos preços das matérias-primas, dos salários e das taxas de juro é fundamental para adaptar a produção às constantes mudanças nas condições e necessidades dos consumidores e para descartar métodos de produção ultrapassados. Se estes ajustamentos não forem provocados pela interação das forças que operam no mercado, deverão ser aplicados por ordens governamentais. Isto é o controle total do governo sobre a produção, a *Zwangswirtschaft*[14] nazista. Não existe meio-termo. As tentativas de estabilizar os preços das matérias-primas, de aumentar os salários e de baixar as taxas de juro *ad libitum*[15] apenas paralisam o sistema de mercado. Estas iniciativas criam um estado de coisas que não satisfaz ninguém. E elas devem ser abandonadas em favor da volta à liberdade de mercado, ou devem ser completadas pela implantação do socialismo puro e indisfarçado.

A desigualdade de rendimentos e a existência das fortunas é essencial para o capitalismo. Os progressistas consideram os lucros questionáveis. A própria existência de lucros é, aos seus olhos, uma prova de que os salários poderiam ser aumentados sem prejudicar ninguém, a não ser os parasitas ociosos. Eles falam de lucro sem tratar do seu corolário, os prejuízos. Lucros e prejuízos são os instrumentos por meio dos quais os

---

14. Novamente, os significados são múltiplos para a palavra Zwangswirtschaft, o sentido literal é "economia planilhada", em citações acadêmicas encontramos mais os termos "economia planejada" e "economia centralizada". (N. E.)

15. "A bel prazer", ou "à vontade". (N. E.)

consumidores controlam todas as atividades empresariais. Uma empresa lucrativa tende a se expandir, uma empresa não lucrativa tende a encolher. A eliminação do lucro torna a produção rígida e abole a soberania dos consumidores. Isto acontecerá não porque os empreendedores sejam mesquinhos e gananciosos, e não tenham estas virtudes monásticas de autossacrifício que os planejadores atribuem a todas as outras pessoas. Na ausência de lucros, os empresários não saberiam quais são os desejos dos consumidores e, se adivinhassem, não teriam os meios para ajustar e expandir as suas produções em conformidade com tal conhecimento. Lucros e prejuízos retiram os fatores de produção das mãos dos produtores ineficientes e transferem-nos para as mãos dos mais eficientes. É sua função social tornar um homem tanto mais influente na condução dos negócios quanto melhor for seu sucesso na produção de mercadorias pelas quais as pessoas lutam.

Portanto, não faz sentido aplicar aos lucros o critério do mérito pessoal ou da felicidade. É claro que o Sr. X provavelmente ficaria feliz da mesma forma com 10 milhões ou com 100 milhões. De um ponto de vista metafísico, é certamente inexplicável que o Sr. X ganhe 2 milhões por ano, enquanto o presidente do tribunal ou os principais filósofos e poetas da nação ganham muito menos. Mas a questão não é sobre o Sr. X; trata-se dos consumidores. Será que os consumidores seriam melhor abastecidos, com produtos mais baratos, se a lei impedisse os empresários mais eficientes de expandirem a esfera das suas atividades? A resposta é claramente negativa. Se os níveis atuais de imposto estivessem em vigor desde o início do nosso século, muitos dos que hoje são milionários viveriam em circunstâncias mais modestas. Mas todos esses novos ramos da indústria que fornecem às massas artigos nunca antes vistos funcionariam, se é que funcionariam, numa escala muito menor, e os seus produtos estariam fora do alcance do homem comum.

## O SISTEMA DE MERCADO SERVE AO HOMEM COMUM

O sistema de mercado torna todos os homens, enquanto produtores, responsáveis perante o consumidor. Esta dependência é direta com empresários, capitalistas, agricultores e profissionais liberais, e indireta com os assalariados. O sistema econômico da divisão do trabalho, no qual todos satisfazem as suas próprias necessidades servindo outras pessoas, não pode funcionar se não houver um fator que ajuste os esforços dos produtores aos desejos daqueles para quem produzem. Se o mercado for impedido de dirigir todo o aparato econômico, o governo deve fazê-lo.

Os planos socialistas são absolutamente errados e irrealizáveis. Este é outro assunto. Mas os escritores socialistas são pelo menos suficientemente perspicazes para ver que a simples paralisação do sistema de mercado resulta apenas em caos. Quando eles favorecem coisas como sabotagem e destruição, o fazem porque acreditam que o caos provocado abrirá caminho para o socialismo. Mas aqueles que fingem querer preservar a liberdade, ao mesmo tempo que desejam fixar preços, salários e taxas de juro a um nível diferente daquele que o mercado encontraria, iludem-se. Não há outra alternativa à escravidão totalitária senão a liberdade. Não há outro planejamento para a liberdade e o bem-estar geral do que deixar o sistema de mercado funcionar. Não há outro meio de alcançar o pleno emprego, o aumento dos salários reais e um elevado padrão de vida para o homem comum do que a iniciativa privada e a livre iniciativa.

# CAPÍTULO 2
# *Laissez-faire* ou ditadura[16]

O que a Enciclopédia de Ciências Sociais[17] diz sobre o *laissez-faire*

Durante mais de cem anos, a máxima *laissez-faire, laissez-passer* tem sido uma pedra no sapato para os arautos do despotismo totalitário. Na opinião destes fanáticos, esta máxima condensa todos os princípios vergonhosos do capitalismo. Desmascarar as suas falácias equivale, portanto, a implodir os fundamentos ideológicos do sistema de propriedade privada dos meios de produção e a demonstrar implicitamente a excelência da sua antítese, a saber, o comunismo e o socialismo.

A *Enciclopédia das Ciências Sociais* pode ser considerada representativa das doutrinas ensinadas nas universidades e faculdades norte-americanas e britânicas.

---

16. Publicado originalmente em Plain Talk em janeiro de 1949. Republicado com a permissão da Foundation for Economic Education. (BBG)
17. No original: Encyclopaedia of the Social Sciences. (N. E.)

Seu nono volume contém o artigo *Laissez-Faire* escrito pelo professor de Oxford e autor de histórias policiais G. D. H. Cole. Em cinco páginas e um quarto de sua contribuição, o Professor Cole entrega-se livremente ao uso de epítetos depreciativos. A máxima "não resiste a exame", só prevalece na "economia popular", é "teoricamente falida", um "anacronismo", sobrevive apenas como um "preconceito", mas "está morta como doutrina merecedora de respeito teórico". O recurso a estas e a várias outras denominações injuriosas semelhantes não consegue disfarçar o fato de que os argumentos do Professor Cole erram completamente o alvo. O Professor Cole não tem qualificação para lidar com os problemas envolvidos porque simplesmente não sabe o que é a economia de mercado e como ela funciona. A única afirmação correta do seu artigo é o truísmo de que aqueles que rejeitam o *laissez-faire* são os socialistas. Ele também tem razão ao declarar que a refutação do *laissez-faire* é "tão proeminente na ideia nacional do fascismo em Itália como no comunismo russo".

O volume que contém o artigo do Professor Cole foi publicado em janeiro de 1933. Isto explica porque ele não incluiu a Alemanha nazista nas fileiras das nações que se libertaram do feitiço da máxima sinistra. Ele se limita a registrar, com satisfação, que a concepção que rejeita o *laissez-faire* está "na base de muitos projetos de planejamento nacional que, em grande parte sob a influência russa, estão agora sendo apresentados em todo o mundo".

## *Laissez-faire* significa economia de mercado livre

Historiadores eruditos dedicaram-se muito à questão de saber a quem deve ser atribuída a origem da máxima *laissez-faire, laissez-passer*[18]. De qualquer forma, é certo que na segunda parte do século XVIII os destacados defensores franceses da liberdade econômica – os principais entre eles Gournay, Quesnay, Turgot e Mirabeau – compactaram seu programa para uso popular nesta frase. O seu objetivo era o estabelecimento de uma economia de mercado sem entraves. Para atingir este fim, defenderam a abolição de todos os estatutos que impediam as pessoas mais industriosas e mais eficientes de superar os concorrentes menos industriosos e menos eficientes e restringiam a mobilidade das mercadorias e dos homens. Foi isso que a famosa máxima pretendia expressar.

Ao usarem ocasionalmente as palavras *laissez-faire, laissez-passer*, os economistas do século XVIII não pretendiam batizar a sua filosofia social de "doutrina do *laissez-faire*". Eles estavam focados na elaboração de um novo sistema de ideias sociais e políticas que beneficiasse a humanidade. Eles não estavam querendo organizar uma facção ou partido e encontrar um nome para ele. Foi só mais tarde, na segunda década do século XIX, que o termo passou a significar a totalidade da filosofia política da liberdade, a saber,

---

18. Veja especialmente ONCKEN, A. *Die Maxime laissez faire et laissez passer, ihr Ursprung, ihr Werden.* Berna, 1886; SCHELLE, G. Vincent de Gournay. Paris, 1897, p. 214-26.

liberalismo. O novo termo foi emprestado da Espanha, onde era usado para se referir àqueles que apoiavam o governo constitucional e a liberdade religiosa. Logo depois começou a ser usado por toda a Europa como um rótulo para os esforços daqueles que defendiam o governo representativo, a liberdade de pensamento, de expressão e de imprensa, a propriedade privada dos meios de produção e o comércio livre.

O programa liberal é um todo indivisível e indissolúvel, não uma colcha de retalhos montada arbitrariamente com diversos componentes. Suas partes são mutuamente condicionadas. A ideia de que a liberdade política pode ser preservada na ausência de liberdade econômica, e vice-versa, é uma ilusão. A liberdade política é o corolário da liberdade econômica. Não é por acaso que a era do capitalismo se tornou também a era do governo do povo. Se os indivíduos não forem livres para comprar e vender no mercado, transformam-se virtualmente em escravos dependentes das boas graças de um governo onipotente, qualquer que seja a redação da constituição sob a qual eles vivem.

Os pais do socialismo e do intervencionismo moderno sabiam exatamente que os seus programas eram incompatíveis com os postulados políticos do liberalismo. O principal alvo dos seus ataques foi o liberalismo como um todo. Eles não fizeram distinção entre os aspectos políticos e econômicos do liberalismo.

Com o passar dos anos, socialistas e intervencionistas dos países anglo-saxônicos descobriram que era uma aventura inútil atacar abertamente o liberalismo e a ideia de liberdade. O prestígio das instituições liberais era tão avassalador no mundo de língua inglesa que nenhum partido poderia se arriscar a desafiá-las diretamente. A única hipótese para o antiliberalismo era fingir ser um liberalismo verdadeiro e genuíno e denunciar as atitudes de todos os outros partidos como um mero liberalismo falso.

Os socialistas continentais tinham difamado e menosprezado ferozmente o liberalismo e o progressismo, e depreciaram desdenhosamente a democracia como "pluto-democracia". Os seus imitadores anglo-saxões, que inicialmente adotaram as mesmas práticas, depois de algum tempo inverteram a sua semântica e tomaram para si as alcunhas de liberais, progressistas e democráticos. Começaram a negar categoricamente que a liberdade política fosse o corolário da liberdade econômica. Afirmaram fervorosamente que as instituições democráticas só podem funcionar de maneira satisfatória quando o governo controla todas as atividades de produção e quando o cidadão individual é obrigado a obedecer incondicionalmente a todas as ordens emitidas pelo diretório central de planejamento. Aos seus olhos, o controle totalitário é o único meio de tornar as pessoas livres, e a liberdade de imprensa é melhor garantida por um monopólio governamental sobre a impressão e publicação. Eles não foram atormentados por nenhum escrúpulo quando roubaram o bom e velho nome de liberalismo e começaram a chamar os seus próprios princípios e políticas de liberais. Neste país, o termo "liberalismo" é hoje em dia mais frequentemente utilizado como sinônimo de comunismo.

A inovação semântica que socialistas e intervencionistas começaram deixou os defensores da liberdade sem um nome. Não havia nenhum termo disponível para designar aqueles que acreditam que a propriedade privada dos fatores de produção é a melhor, e na verdade, a única maneira de tornar a nação e todos os seus cidadãos tão prósperos quanto possível e de fazer funcionar um governo representativo. Socialistas e intervencionistas entendem que as pessoas que acreditam nestes princípios nem mesmo merecem um nome, mas devem ser referidas apenas por epítetos insultuosos como "monarquistas econômicos", "bajuladores de Wall Street", "reacionários", e assim por diante.

Este estado de coisas explica porque é que o termo *laissez-faire* foi cada vez mais utilizado para designar as ideias daqueles que defendem a economia de mercado livre em oposição ao planejamento e o controle governamental.

## O ARGUMENTO DE CAIRNES CONTRA O *LAISSEZ-FAIRE*

Hoje já não é difícil para os homens inteligentes perceberem que a alternativa está entre a economia de mercado e o comunismo. A produção pode ser dirigida pela compra e pela abstenção de compra por parte de todas as pessoas, ou pode ser dirigida pelas ordens do chefe de Estado supremo. Os indivíduos devem escolher entre estes dois sistemas de organização econômica da sociedade. Não existe uma terceira solução, nem um meio-termo.

É um fato triste que não só os políticos e demagogos não tenham conseguido compreender esta verdade essencial, mas que mesmo alguns economistas tenham errado ao lidar com os problemas envolvidos nesse debate.

Não há necessidade de nos debruçarmos sobre a influência infeliz que se originou do tratamento confuso de John Stuart Mill quanto à interferência do governo nos negócios. Torna-se evidente, na autobiografia de Mill, que a mudança de opinião que resultou no que ele chama de "uma maior aproximação... para um socialismo qualificado"[19] foi motivada por sentimentos e afeições puramente pessoais e não por raciocínios emocionalmente imperturbados. É certamente uma das tarefas da economia refutar os erros que deformam as ideias de um pensador tão qualificado como Mill. Mas é desnecessário argumentar contra os preconceitos da Sra. Mill.

Alguns anos depois de Mill, outro notável economista, J. E. Cairnes, lidou com o mesmo problema[20]. Como filósofo e ensaísta, Mill é um economista muito mais capaz que Cairnes. Mas Cairnes não ficou atrás de Mill, e suas contribuições para a epistemologia das ciências sociais são de valor e importância incomparavelmente

---

19. Ver MILL, John Stuart. *Autobiography*. Londres, 1873, p. 191.
20. Ver CAIRNES, J. E. "Political Economy and Laissez-Faire", uma aula introdutória dada no University College, em Londres, em novembro de 1870, e publicada em *Essays in Political Economy*, Londres, 1873, p. 232-64.

maiores que as contribuições de Mill nestes campos. No entanto, a análise de Cairnes sobre o *laissez-faire* não apresenta aquela brilhante precisão de raciocínio que é marcante nos seus outros escritos.

Para Cairnes, a afirmação implícita na doutrina do *laissez-faire* é que

> os impulsos do interesse próprio levarão os indivíduos, em todas as suas condutas que têm a ver com o seu bem-estar material, a seguir espontaneamente o caminho que é bom não somente para eles, como também para o bem estar de todos.

Esta afirmação, diz ele,

> envolve os dois seguintes pressupostos: primeiro, que os interesses dos seres humanos são fundamentalmente os mesmos – que o que mais me interessa também interessa mais outras pessoas; e, em segundo lugar, que os indivíduos conheçam os seus interesses no sentido em que coincidem com os interesses dos outros e que, na ausência de coerção, irão, nesse sentido, seguir tais interesses. Se estas duas proposições forem concretizadas, a política de *laissez-faire* segue com rigor científico.

Cairnes se dispõe a aceitar a primeira – a maior – premissa de seu silogismo, de que os interesses dos seres humanos são fundamentalmente os mesmos. Mas ele rejeita a segunda premissa – a menor[21].

---

21. *Ibid.*, p. 244-45.

Os seres humanos conhecem e seguem os seus interesses de acordo com as suas ideias e disposições; mas não necessariamente, nem sempre na prática, no sentido em que o interesse do indivíduo coincide com o dos outros indivíduos e com os interesses do todo[22].

Aceitemos, por uma questão de argumentação, a forma como Cairnes apresenta o problema e como argumenta. Os seres humanos são falíveis e, portanto, às vezes não conseguem saber o que os seus verdadeiros interesses exigiriam que fizessem. Além disso, existem

> coisas no mundo como paixão, preconceito, costume, *esprit de corps*, interesse de classe – que afastam as pessoas da prossecução dos seus interesses no sentido mais amplo e mais elevado[23].

É muito lamentável que esta seja a realidade. Mas, temos de perguntar, existe algum meio disponível para evitar que a humanidade seja prejudicada pelo mau julgamento e pela malícia das pessoas? Não será um absurdo assumir que se poderia evitar as consequências desastrosas destas fraquezas humanas, substituindo o poder discricionário do governo pelo dos cidadãos individuais? Os governos são dotados de perfeição intelectual e moral? Os governantes também não são humanos, não estão eles próprios sujeitos às fragilidades e deficiências humanas?

---

22. *Ibid.*, p. 250.
23. *Ibid.*, p. 246.

A doutrina teocrática é consistente em atribuir ao chefe do governo poderes sobre-humanos. Os monarquistas franceses afirmam que a consagração solene em Reims transmite ao rei de França, ungido com o óleo sagrado que uma pomba do Paraíso trouxe para a consagração de Clóvis, capacidade divina. O rei legítimo não pode errar e não pode fazer o que é errado, e seu toque real cura milagrosamente a escrófula. Não menos consistente foi o falecido professor alemão Werner Sombart ao declarar que o *Führertum* é uma revelação permanente e que o Führer recebe suas ordens diretamente de Deus, o *Führer* supremo do Universo[24]. Uma vez admitidas tais premissas, não se pode mais levantar quaisquer objeções contra o planejamento e o socialismo. Por qual motivo tolerar a incompetência de indivíduos desajeitados, atrapalhados e mal-intencionados, se você pode ser feliz e próspero usando a autoridade enviada por Deus?

Mas Cairnes não está preparado para aceitar "o princípio do controle estatal, a doutrina do governo paternalista"[25]. Suas discussões se esgotam em conversas vagas e contraditórias que deixam a questão que realmente importa sem resposta. Ele não compreende que seja indispensável escolher entre a supremacia dos indivíduos e a supremacia do governo. Alguma agência deve determinar como os fatores de produção devem ser empregados e o que deve ser produzido. Se não é

---

24. Cf. SOMBART, W. *Deutscher Sozialismus*. Charlottenburg, 1934, p. 213.
25. Ver CAIRNES, J. E. Op. cit., p. 251.

o consumidor, através da compra e da não compra no mercado, deve ser o governo por compulsão.

Se rejeitarmos o *laissez-faire* devido à falibilidade e fraqueza moral do homem, devemos, pelas mesmas razões, rejeitar também qualquer tipo de ação governamental. A argumentação de Cairnes, desde que não esteja integrada numa filosofia teocrática à maneira dos monarquistas franceses ou dos nazistas alemães, conduz ao anarquismo e ao niilismo completos.

Uma das distorções às quais os autoproclamados "progressistas" recorrem para difamar o *laissez-faire* é a afirmação de que sua aplicação consistente levará à anarquia. Não há necessidade de insistir nesta falácia. É mais importante ressaltar o fato de que o argumento de Cairnes contra o *laissez-faire*, quando levado até suas últimas consequências lógicas, é essencialmente anarquista.

## "Planejamento consciente" contra "forças automáticas"

Na visão dos autodenominados "progressistas", há duas alternativas: "forças automáticas" ou "planejamento consciente"[26]. É óbvio, dizem eles, que confiar em processos automáticos é pura estupidez. Nenhum homem razoável pode recomendar seriamente não fazer nada e deixar as coisas acontecerem sem qualquer interferência por meio de ações intencionais. Um plano, pelo próprio fato de ser uma manifestação de ação

---

26. Ver HANSEN, A. H. "Social Planning for Tomorrow", em *The United States after the War*. Cornell University Lectures, Ithaca, 1945, p. 32-33.

consciente, é incomparavelmente superior à ausência de qualquer planejamento. *Laissez-faire* significa: deixe os males durarem e não tente melhorar a situação da humanidade através de ações razoáveis.

Esta é uma ideia totalmente falaciosa e enganosa. O argumento apresentado a favor do planejamento deriva inteiramente de uma interpretação inadmissível de uma metáfora. Não tem outro fundamento senão as conotações implícitas no termo "automático", que é habitualmente aplicado num sentido metafórico para descrever o processo de mercado. "Automático", diz o *Concise Oxford Dictionary*, significa "inconsciente, pouco inteligente, meramente mecânico". "Automático", diz o *Webster's Collegiate Dictionary,* significa "não sujeito ao controle da vontade (...) realizada sem pensamento ativo e sem intenção ou direção consciente". Quão conveniente para o defensor ferrenho do planejamento dar tal cartada!

A verdade é que a escolha não é entre, de um lado, um mecanismo inerte e um automatismo rígido, e de outro um planejamento consciente. A alternativa não é entre planejar ou não planejar. A questão é: quem planeja? Cada membro da sociedade deveria planejar para si mesmo ou deveria apenas o governo paternalista planejar para todos? A questão não é *automatismo versus ação consciente*; é a *ação espontânea de cada indivíduo versus a ação exclusiva do governo*. É *liberdade versus onipotência governamental*[27].

---

27. Ênfase do autor. (N. E.)

*Laissez-faire* não significa deixar operar forças mecânicas desalmadas. Significa deixar que os indivíduos escolham como querem cooperar na divisão social do trabalho e deixar que eles determinem o que os empresários devem produzir. Planejar, pelo contrário, significa deixar o governo sozinho escolher e fazer cumprir as suas decisões através do seu aparelho de coerção e compulsão.

## A SATISFAÇÃO DAS "VERDADEIRAS" NECESSIDADES DO HOMEM

Sob um regime de *laissez-faire*, diz o planejador, os bens produzidos não são aqueles de que as pessoas "realmente" necessitam, mas sim aqueles de cuja venda se esperam os maiores retornos. O objetivo do planejamento é direcionar a produção para a satisfação das "verdadeiras" necessidades. Mas quem deve decidir quais são as "verdadeiras" necessidades?

Assim, por exemplo, o Professor Harold Laski, antigo presidente do Partido Trabalhista Britânico, determinou o objetivo da direção planejada do investimento como "as poupanças do investidores serão usadas em habitação e não na construção de cinemas"[28]. Não importa se concordamos ou não com a visão pessoal do professor de que casas melhores são mais importantes do que imagens em movimento. O fato é que os consumidores, ao gastarem parte do seu dinheiro para ir ao cinema, fizeram outra escolha.

---

28. Ver a transmissão de Laski, *Revolution by Consent*, republicada em Talks, vol. X, no 10, p. 7, outubro de 1945.

Se as massas da Grã-Bretanha, as mesmas pessoas cujos votos levaram o Partido Trabalhista ao poder, parassem de patrocinar o cinema e gastassem mais em casas e apartamentos confortáveis, as empresas com fins lucrativos seriam forçadas a investir mais na construção de casas e prédios de apartamentos e menos na produção de belos filmes. O que o professor Laski pretendia era desafiar os desejos dos consumidores e substituir estes desejos pela sua própria vontade. Ele queria acabar com a democracia do mercado e estabelecer o domínio absoluto de um czar da produção. Ele pode fingir que está certo de um ponto de vista "superior" e que, como super-homem, é chamado a impor o seu próprio conjunto de valores às massas de homens inferiores. Mas então ele deveria ter sido franco o suficiente para dizer isso de maneira clara.

Toda essa defesa apaixonada à supereminência da ação governamental é apenas um simples disfarce para a autodeificação do intervencionista em questão. O Grande Deus Estado só é grande porque o intervencionista espera que ele faça exclusivamente aquilo que o próprio intervencionista deseja que seja alcançado. O único plano verdadeiro é aquele que o planejador individual aprova totalmente. Todos os outros planos são simplesmente falsos. O que o autor de um livro sobre os benefícios do planejamento tem em mente é, obviamente, sempre o seu próprio plano. Nenhum planejador foi suficientemente perspicaz para considerar a possibilidade de que o plano que o governo irá pôr em prática possa diferir do seu próprio plano.

Os vários planejadores concordam apenas no que diz respeito à sua rejeição do *laissez-faire*, isto é, a discricionariedade do indivíduo para escolher e agir. Eles discordam inteiramente quanto à escolha do plano único a ser adotado. A cada exposição dos defeitos manifestos e incontestáveis das políticas intervencionistas, os defensores do intervencionismo reagem sempre da mesma forma. Estas falhas, dizem eles, foram os pecados do intervencionismo ruim; o que defendemos é um bom intervencionismo. E, claro, o bom intervencionismo é somente aquele que segue precisamente os ditames do proponente daquele plano específico.

### Políticas "positivas" contra políticas "negativas"

Ao lidar com a ascensão do estatismo moderno, do socialismo e do intervencionismo, não se deve negligenciar o papel preponderante desempenhado pelos grupos de pressão e pelos *lobbies* dos funcionários públicos e dos graduados nas universidades que ansiavam por empregos públicos. Duas associações foram fundamentais no direcionamento da Europa rumo à "reforma social": a Sociedade Fabiana na Inglaterra e a *Verein für Sozialpolitik* [Associação para a Política Social] na Alemanha. A Sociedade Fabiana tinha nos seus primórdios uma "representação totalmente desproporcional de funcionários públicos"[29]. No que diz respeito à *Verein für Sozialpolitik,* um dos seus fundadores e dirigentes mais eminentes, o professor

---

29. Ver GRAY, A. *The Socialist Tradition Moses to Lenin.* Londres, 1946, p. 385.

Lujo Brentano, admitiu que no início não buscava outro público senão o dos funcionários públicos[30].

Não é surpreendente que a mentalidade do serviço público tenha sido refletida nas práticas semânticas das novas facções. Vista do ponto de vista dos interesses de grupos específicos dos burocratas, qualquer medida que faça aumentar a folha de pagamento do governo é um progresso. Os políticos que são a favor de tal medida dão uma contribuição *positiva* para o bem-estar social, enquanto aqueles que se opõem são tidos como *negativos*. Logo esta inovação linguística foi generalizada. Os intervencionistas, ao reivindicarem para si próprios a denominação "liberal", explicaram que eram, evidentemente, liberais com um programa positivo, distinto do programa meramente negativo dos "ortodoxos" do *laissez-faire*.

Assim, aquele que defende tarifas, censura, controle cambial e de preços apoia um programa positivo que proporcionará empregos para funcionários aduaneiros, censores e funcionários dos escritórios de controle de preços e cambial. Mas os comerciantes livres e os defensores da liberdade de imprensa são maus cidadãos; eles são negativos. O *laissez-faire* é a personificação do negativismo, enquanto o socialismo, ao converter todas as pessoas em funcionários públicos, é 100% positivo. Quanto mais um antigo liberal completa a sua deserção do liberalismo e se aproxima do socialismo, mais "positivo" ele se torna.

---

30. Ver BRENTANO, L. *Ist das "System Brentano" zusammengebrochen?* Berlim, 1918, p. 19.

Não é desnecessário sublinhar que tudo isto é um disparate. Se uma ideia é enunciada numa proposição afirmativa ou negativa depende inteiramente da forma que o autor escolhe apresentá-la. A proposição "negativa", *sou contra a censura*, é idêntica à proposição "positiva", *sou a favor do direito de todos divulgarem as suas opiniões*. O *laissez-faire* nem sequer é formalmente uma fórmula negativa; pelo contrário, é o contrário do *laissez-faire* que soaria negativo. Essencialmente, o *laissez-faire* pede a propriedade privada dos meios de produção. Isto implica, claro, na rejeição do socialismo. Os defensores do *laissez-faire* se opõem à interferência do governo nos negócios, não porque "odeiem" o "Estado" ou porque estejam comprometidos com um programa "negativo". Eles se opõem porque tal intervenção é incompatível com o seu próprio programa positivo, a economia de livre mercado[31].

## Conclusão

*Laissez-faire* significa deixar que o cidadão individual, o tão falado homem comum, escolha e aja, e não o force a ceder aos desejos de um ditador.

---

31. Este autor refutou esta distinção entre socialismo e intervencionismo "positivo" e "construtivo", por um lado, e liberalismo "negativo" do tipo laissez-faire, por outro, em seu artigo "Sozialliberalismus", publicado pela primeira vez em 1926 no Zeitschrift für die Gesamte Staatswissenschaft, e republicado em 1929 em seu livro *Kritik des Interventionismus*, p. 55-90. [Nota do Editor: Este artigo foi traduzido como "Social Liberalism" e publicado em *A Critique of Interventionism*, New Rochelle: Arlington House, 1977. 2ª ed. rev.: *Critique of Interventionism*. Irvington-on-Hudson: Foundation for Economic Education, 1996.] (BBG)

CAPÍTULO 3

# Disponibilidade de capital e a prosperidade norte-americana[32]

Um dos fenômenos surpreendentes da atual campanha eleitoral é a forma como os comentaristas e escritores se referem ao que está acontecendo com os negócios e à condição econômica da nação. Eles elogiam o governo atual pela prosperidade e pelo elevado padrão de vida do cidadão médio. "Você nunca esteve tão bem", dizem eles, "não deixe que tirem isso de você". Está implícito que o aumento da quantidade e a melhoria na qualidade dos produtos disponíveis para consumo são conquistas de um governo paternalista. As rendas dos cidadãos são vistas como esmolas generosamente concedidas a eles por um burocrata benevolente.

---

32. Discurso proferido no University Club of Milwalkee, Winsconsin, em 13 out. 1952.

O governo americano é considerado melhor do que o da Itália ou o da Índia porque entrega aos seus cidadãos mais e melhores produtos do que os outros.

## O INVESTIMENTO EM CAPITAL AUMENTA A PRODUÇÃO

É muito difícil deturpar de uma forma mais completa os fatos fundamentais da economia. Neste país, o padrão de vida médio é mais alto do que em qualquer outro país do mundo, não porque os estadistas e políticos americanos sejam superiores aos estadistas e políticos estrangeiros, mas porque a quota *per capita* de capital investido é, na América, superior àquela existente em outros países. A produção média por homem-hora é neste país mais alta do que noutros países, seja na Inglaterra ou Índia, porque as fábricas americanas estão equipadas com ferramentas e máquinas mais eficientes. O capital é mais abundante na América do que noutros países porque até agora as instituições e leis dos Estados Unidos colocaram menos obstáculos no caminho da acumulação de capital em grande escala do que as instituições fizeram naqueles países.

Não é verdade que o atraso econômico dos países estrangeiros deva ser imputado à ignorância tecnológica dos seus povos. A tecnologia moderna não é, em geral, uma doutrina esotérica. É ensinada em muitas universidades tecnológicas não apenas na América mas também no exterior. É descrita em muitos livros excelentes e artigos de revistas científicas. Centenas de estrangeiros se formam todos os anos em institutos tecnológicos americanos. Em todas as partes do mundo existem muitos especialistas perfeitamente familiarizados com os mais recentes desenvolvimentos da técnica industrial. Não é a falta de *know-how* que impede os países estrangeiros de adotarem plenamente os métodos americanos de produção, mas sim a insuficiência de capital disponível.

## SOB O CAPITALISMO, RESPONSABILIDADE INDIVIDUAL E PARCIMÔNIA SÃO APRECIADAS

O clima de opinião em que o capitalismo poderia prosperar foi caracterizado pela aprovação moral da ânsia do cidadão individual em assegurar o seu futuro e o da sua família. A parcimônia era apreciada como uma virtude benéfica tanto para o poupador individual quanto para todas as outras pessoas. Se as pessoas não consumirem a totalidade dos seus rendimentos, o excedente não consumido pode ser investido, o que aumenta a quantidade de bens de capital disponíveis e, assim, torna-se possível embarcar em projetos que antes não podiam ser executados. A acumulação progressiva de capital resulta numa melhoria econômica perpétua. Todos os aspectos da vida de cada cidadão são afetados favoravelmente neste cenário. A tendência contínua para a expansão das atividades empresariais abre um amplo campo para a exibição das energias da geração vindoura. Olhando para trás, para a sua juventude e para as condições na casa dos seus pais, o homem comum não pode deixar de perceber que há progresso no sentido de um padrão de vida mais satisfatório.

Estas eram as condições em todos os países às vésperas da Primeira Guerra Mundial. As condições certamente não eram as mesmas em todos os lugares. Havia os países do capitalismo ocidental, por um lado, e, por outro, as nações atrasadas que eram lentas e relutantes em adotar as ideias e os métodos modernos de negócios. Mas estas nações atrasadas foram amplamente beneficiadas pelo investimento em capital fornecido pelos capitalistas das nações avançadas. O capital estrangeiro construiu ferrovias e fábricas nessas nações atrasadas e desenvolveu os seus recursos naturais.

O espetáculo que o mundo oferece hoje é muito diferente. Tal como há quarenta anos, o mundo está dividido em dois campos. Há, por um lado, a órbita capitalista, consideravelmente reduzida quando comparada com a sua dimensão em 1914. Esta inclui hoje os Estados Unidos e o Canadá e algumas das pequenas nações da Europa Ocidental. A maior parte da população mundial vive em países que rejeitam estritamente os métodos da propriedade privada, da iniciativa e da livre iniciativa. Estes países ou estão estagnados ou enfrentam a deterioração progressiva das suas condições econômicas.

## O PADRÃO DE VIDA NORTE-AMERICANO

Ilustremos esta diferença contrastando, como é típico em cada um dos grupos, as condições neste país e as condições na Índia. Nos Estados Unidos, as grandes empresas capitalistas quase todos os anos fornecem às massas algumas novidades: ou artigos melhorados para substituir artigos semelhantes usados há muito tempo, ou coisas que antes eram completamente desconhecidas. Estes últimos – como, por exemplo, televisores ou meias de náilon – são comumente chamados de luxos, pois as pessoas viviam anteriormente bastante felizes sem eles. O homem comum médio desfruta de um nível de vida que, há apenas cinquenta anos, os seus pais ou avós teriam considerado fabuloso. Sua casa está equipada com aparelhos e instalações que os muito ricos de épocas anteriores teriam invejado. Sua esposa e suas filhas se vestem com elegância e aplicam cosméticos. Seus filhos, bem alimentados e cuidados, beneficiam-se do ensino médio, muitos também do ensino superior. Se observarmos a ele e sua família em seus passeios de fim de semana, devemos admitir que este indivíduo parece próspero.

Há, claro, também americanos cujas condições materiais parecem insatisfatórias quando comparadas com as da grande maioria da nação. Alguns autores de romances e peças de teatro querem nos convencer que as suas descrições sombrias da sorte desta infeliz minoria são representativas do destino do homem comum sob o capitalismo. Eles estão enganados. A situação destes miseráveis americanos é bastante representativa das condições em que prevaleceram no mundo todo nas eras pré-capitalistas e ainda prevalecem nos países que ou não foram totalmente ou foram apenas superficialmente afetados pelo capitalismo. O que há de errado com estas pessoas é que ainda não foram integradas no sistema da produção capitalista. A penúria delas é um resquício do passado. A acumulação progressiva de novo capital e a expansão da produção em grande escala irão erradicá-la pelos mesmos métodos por meio dos quais já melhoraram os níveis de vida da imensa maioria, a saber, aumentando a proporção *per capita* de capital investido e, portanto, a produtividade marginal do trabalho.

## O PADRÃO DE VIDA DOS INDIANOS

Agora vamos olhar para a Índia. A natureza dotou o seu território de recursos valiosos, talvez mais rico do que o solo dos Estados Unidos. Por outro lado, as condições climáticas permitem ao homem subsistir com uma dieta mais leve e prescindir de muitas coisas que no inverno rigoroso da maior parte dos Estados Unidos são indispensáveis. No entanto, as massas da Índia estão à beira da fome, mal vestidas, amontoadas em cabanas primitivas, sujas e analfabetas. Ano após ano as coisas pioram; pois a população está aumentando enquanto o montante total de capital investido não aumenta ou, ainda mais provavelmente, diminui. De qualquer forma, há uma queda constante na proporção *per capita* de capital investido.

## AS IDEIAS DO *LAISSEZ-FAIRE* TROUXERAM A INDUSTRIALIZAÇÃO PARA A INGLATERRA

Em meados do século XVIII, as condições na Inglaterra não eram mais propícias do que são hoje na Índia. O sistema tradicional de produção não era adequado para satisfazer as necessidades de uma população crescente. O número de pessoas para as quais não havia mais espaço no rígido sistema de paternalismo e na tutela governamental dos negócios cresceu rapidamente. Embora naquela época a população da Inglaterra não fosse muito superior a quinze por cento do que é hoje, havia vários milhões de pobres desamparados. Nem a aristocracia dominante nem os próprios indigentes tinham qualquer ideia sobre o que poderia ser feito para melhorar as condições materiais das massas.

A grande mudança que, em poucas décadas, fez da Inglaterra a nação mais rica e poderosa do mundo, foi preparada por um pequeno grupo de filósofos e economistas. Eles demoliram inteiramente a pseudofilosofia que até então tinha sido fundamental na definição das políticas econômicas das nações. Eles explodiram as antigas fábulas: (1) que é injusto superar um concorrente produzindo produtos melhores e mais baratos; (2) que é errado se desviar dos métodos tradicionais de produção; (3) que as máquinas que poupam trabalho provocam desemprego e são, portanto, um mal; (4) que é uma das tarefas do governo impedir que os empresários eficientes enriqueçam e proteger os menos eficientes contra a concorrência dos mais eficientes; e (5) que restringir a liberdade e a iniciativa dos empresários por compulsão governamental ou por coerção por parte de outros poderes é um meio apropriado para promover o bem-estar de uma nação. Resumindo: estes autores expuseram a doutrina do livre comércio e do *laissez-faire*. Abriram caminho para uma política que não mais obstruísse o esforço do empresário para melhorar e expandir as suas operações.

O que gerou a industrialização moderna e a melhoria sem precedentes nas condições materiais que ela trouxe não foi o capital previamente acumulado nem o conhecimento tecnológico previamente reunido. Na Inglaterra, bem como nos outros países ocidentais que seguiram o caminho do capitalismo, os primeiros pioneiros do capitalismo começaram com bastante pouco capital e pouca experiência tecnológica. No início da industrialização estava a filosofia da empresa privada e da iniciativa, e a aplicação prática desta ideologia fez o capital crescer e o *know-how* tecnológico avançar e amadurecer.

É preciso sublinhar este ponto porque a sua negligência engana os estadistas de todas as nações atrasadas nos seus planos de melhoria econômica. Eles pensam que industrialização significa máquinas e manuais de tecnologia. Na verdade, significa liberdade econômica que cria tanto o capital como o conhecimento tecnológico necessário para usar o capital na produção.

## A Índia carece de ideias capitalistas

Olhemos novamente para a Índia. A Índia carece de capital porque nunca adotou a filosofia pró-capitalista do Ocidente e, portanto, não removeu os tradicionais obstáculos institucionais à livre iniciativa e à acumulação em grande escala. O capitalismo chegou à Índia como uma ideologia estrangeira importada que nunca se enraizou na mente do povo. O capital estrangeiro, principalmente britânico, construiu ferrovias e fábricas. Os nativos olhavam com desconfiança não apenas para as atividades dos capitalistas estrangeiros, mas não menos para as dos seus compatriotas que cooperavam nos empreendimentos dos capitalistas. Hoje a situação é esta: graças aos novos métodos terapêuticos, desenvolvidos pelas nações capitalistas e importados para a Índia pelos britânicos, a duração média da vida naquele país aumentou bastante e a população está aumentando rapidamente. Como os capitalistas estrangeiros ou já foram virtualmente expropriados ou terão de enfrentar expropriação num futuro próximo, não pode mais haver novos investimentos de capital estrangeiro de forma alguma.

Por outro lado, a acumulação de capital interno é impedida pela manifesta hostilidade do aparelho governamental e do partido no poder.

O governo indiano fala muito sobre industrialização. Mas o que realmente tem em mente é a nacionalização das indústrias privadas já existentes. Para fins de argumentação, podemos esquecer por um tempo a referência ao fato de que isto provavelmente resultará numa progressiva redução do capital investido nestas indústrias, como foi o caso na maioria dos países que experimentaram a nacionalização. De qualquer forma, a nacionalização como tal não acrescenta nada ao volume de investimento já existente. O Sr. Nehru admite que o seu governo não dispõe do capital necessário para o estabelecimento de novas indústrias estatais ou para a expansão das indústrias já existentes. Assim, ele declara solenemente que o seu governo dará às indústrias privadas "encorajamento em todos os sentidos". E explica em que consistirá tal encorajamento: "Prometeremos", diz ele, "que não as tocaremos durante pelo menos dez anos, talvez mais". Ele acrescenta: "Não sabemos quando iremos nacionalizá-las"[33]. Mas os empresários sabem muito bem que novos investimentos serão nacionalizados assim que começarem a dar retorno.

## A INVEJA ALIMENTA O ANTICAPITALISMO

Dediquei todo esse tempo aos assuntos da Índia porque são representativos do que ocorre hoje em quase todas as partes da Ásia e da África, em grande parte da América Latina e mesmo em muitos países europeus. Em todos estes países a população está crescendo. Em todos estes países os investimentos estrangeiros são expropriados, de maneira mais ou menos aberta, através do controle cambial ou de impostos discriminatórios. Ao mesmo tempo, suas políticas internas fazem o possível para desencorajar a acumulação de capital interno. Há muita pobreza no mundo hoje; e os governos, neste aspecto em pleno acordo com a opinião pública, perpetuam e agravam esta pobreza com as suas políticas.

---

33. Ver NEHRU, Jawaharlal. *Independence and After: A Collection of Speeches*, 1946-1949. Nova York, 1950, p. 192.

Na opinião destas pessoas, os seus problemas econômicos foram, de uma forma não especificada, causados pelos países capitalistas do Ocidente. Esta noção incluía, até há poucos anos, também as nações avançadas da Europa Ocidental, em especial também o Reino Unido. Com as recentes mudanças econômicas, o número de nações a que se refere tem sido cada vez menor; hoje significa praticamente só os Estados Unidos. Os habitantes de todos os países onde a renda média é consideravelmente inferior ao deste país olham para os Estados Unidos com os mesmos sentimentos de inveja e ódio com que, nos países capitalistas, aqueles que votam nas candidaturas dos vários comunistas, socialistas e partidos intervencionistas olham para os empresários da sua própria nação. Os mesmos slogans que são empregados em nossos antagonismos domésticos – como Wall Street, grandes empresas, monopólios, mercadores da morte – são utilizados em discursos e artigos pelos políticos antiamericanos quando atacam o que é chamado na América Latina de "ianqueismo", e, no outro hemisfério, de "americanismo". Nestes debates há pouca diferença entre os nacionalistas mais chauvinistas e os adeptos mais entusiastas do internacionalismo marxista, entre os autodenominados conservadores ansiosos por preservar a fé religiosa tradicional e as instituições políticas, e os revolucionários que visam a derrubada violenta de tudo o que existe.

A popularidade destas ideias não é de forma alguma um efeito da propaganda inflamatória dos soviéticos. É exatamente o contrário. As mentiras e calúnias comunistas obtêm o seu poder de persuasão, seja ele qual for, pelo fato de concordarem com as doutrinas sócio-políticas ensinadas na maioria das universidades e defendidas pelos políticos e escritores mais influentes.

## IDEIAS ANTICAPITALISTAS ESTÃO NO MUNDO TODO

As mesmas ideias dominam as mentes deste país e determinam a atitude dos estadistas em relação a todo problema que aparece. As pessoas têm vergonha do fato de o capital americano ter desenvolvido os recursos naturais em muitos países que não tinham nem o capital necessário, nem os especialistas para fazê-lo. Quando vários governos estrangeiros expropriaram investimentos americanos ou negaram empréstimos concedidos pelo poupador americano, o público permaneceu indiferente ou até simpatizou com os expropriadores. Dadas as ideias que fundamentam os programas dos grupos políticos mais influentes e que são ensinadas na maioria das instituições de educação, não se poderia esperar outra reação.

Quatro anos atrás o Conselho Mundial de Igrejas, uma organização de cento e cinquenta denominações, se reuniu em Amsterdã. No relatório elaborado por este órgão ecumênico podemos ler a seguinte afirmação: "A justiça exige que os habitantes da Ásia e da África deveriam se beneficiar de uma maior produção de máquinas". Isso implica que o atraso tecnológico destas nações foi causado por uma injustiça cometida por alguns indivíduos, grupos de indivíduos ou nações. Os culpados não são especificados. Mas entende-se que a acusação é endereçada aos capitalistas e empresários do cada vez menor número de países capitalistas; praticamente refere-se aos Estados Unidos e ao Canadá. Esta é a opinião de clérigos conservadores muito criteriosos, agindo com plena consciência de suas responsabilidades.

A mesma doutrina está na base da ajuda externa e na política americana de *Four Points*. Está implícito que o pagador de impostos americano têm a obrigação moral de fornecer capital às nações que expropriaram investimentos estrangeiros e estão impedindo a acumulação de capital interno através de vários esquemas.

Não adianta se entregar a ilusões. No atual estado do direito internacional, os investimentos estrangeiros estão inseguros, estão à mercê do governo de cada nação soberana. É geralmente aceito que cada governo soberano tem o direito de decretar uma paridade fictícia da sua moeda inflacionada em relação ao dólar ou ao ouro e de tentar impor esta paridade espúria fixada arbitrariamente através do controle cambial, isto é, expropriando virtualmente os investidores estrangeiros. Na medida em que alguns governos estrangeiros ainda se abstêm de tais confiscos, fazem-no porque esperam convencer os estrangeiros a fazerem mais investimentos em seus países e, assim, estarem mais tarde em posição de expropriar mais.

Nas fileiras das nações que fazem tudo o que pode ser feito para evitar que as suas indústrias obtenham o capital necessário, encontramos hoje também a

Grã-Bretanha, outrora o berço da livre iniciativa e, antes de 1914, o país mais rico ou o segundo mais rico do mundo. Num elogio exuberante e totalmente imerecido ao falecido Lord Keynes, um professor de Harvard encontrou no seu herói apenas uma fraqueza. Keynes, disse ele, "sempre exaltou que o que era em qualquer momento verdade e sabedoria para a Inglaterra seria também verdade e sabedoria para todos os tempos e lugares".[34] Discordo veementemente. Justamente no momento em que todo observador criterioso deveria perceber que a crise econômica da Inglaterra foi causada por uma oferta insuficiente de capital, Keynes enunciou a sua notória doutrina sobre o alegado perigo de acumular poupança e recomendou que houvesse mais gastos. Keynes tentou fornecer uma justificativa tardia e espúria de uma política que a Grã-Bretanha adotara desafiando os ensinamentos de todos os seus grandes economistas. A essência do keynesianismo é o seu completo fracasso em conceber o papel que a poupança e a acumulação de capital desempenham na melhoria das condições econômicas.

## Importância da poupança de capital

O principal problema para este país é: irão os Estados Unidos seguir o curso das políticas econômicas adotadas por quase todas as nações estrangeiras, mesmo por muitas daquelas que foram as principais na evolução

---

34. Ver SCHUMPETER, J. "Keynes, the Economist", em *The New Economics*. S. E. Harris (ed.), Nova York, 1947, p. 85.

do capitalismo? Até agora, neste país, o montante da poupança e da formação de novo capital ainda excede o montante da despoupança e da desacumulação de capital. Isso vai durar?

Para responder a tal pergunta é necessário olhar para as ideias sobre questões econômicas defendidas pela opinião pública. A questão é: será que os eleitores americanos sabem que a melhoria sem precedentes no seu nível de vida que os últimos cem anos trouxeram foi o resultado do aumento constante da proporção *per capita* de capital investido? Será que percebem que qualquer medida que conduza à desacumulação de capital põe em risco a sua prosperidade? Eles estão conscientes das condições que fazem com que os seus salários sejam superiores aos salários de outros países?

Se revisarmos os discursos dos líderes políticos, os editoriais dos jornais e os livros-texto de economia e finanças, não podemos deixar de descobrir que muito pouca, se é que alguma atenção é dada aos problemas do capital. A maioria das pessoas toma como certo que algum fator misterioso está em ação e torna a nação mais rica a cada ano. Os economistas que trabalham para o governo calcularam uma taxa de aumento anual da renda nacional nos últimos cinquenta anos e simplesmente assumem que no futuro a mesma taxa prevalecerá. Eles discutem problemas de tributação sem sequer mencionar o fato de que o nosso atual sistema fiscal recolhe enormes quantidades de dinheiro que teria sido poupado pelo pagador de impostos e os usa para despesas correntes.

Um exemplo típico deste modo de lidar (ou melhor, de não lidar) com o problema da oferta de capital da América pode ser citado. Há poucos dias, a American Academy of Political and Social Science [Academia Americana de Ciências Políticas e Sociais] publicou um novo volume dos seus Anais, inteiramente dedicado à investigação de questões vitais da nação. O título do volume é *Meaning of the 1952 Presidential Election* [*Significado das Eleições Presidenciais de 1952*]. Para este simpósio, o Professor Harold M. Groves, da Universidade de Wisconsin, contribuiu com um artigo, "Are Taxes Too High?" ["Os impostos estão muito altos?"]. O autor encontra "uma resposta majoritariamente negativa" para a pergunta. Do nosso ponto de vista, o mais interessante do artigo é o fato de chegar a esta conclusão sem sequer mencionar os efeitos que os impostos sobre a renda, as empresas, os lucros e a terra têm sobre a manutenção e a formação de capital. O que os economistas disseram sobre tais problemas ou permaneceu desconhecido para o autor ou ele não considera tais objeções dignas de resposta.

Não se deturpam as ideias econômicas que determinam o curso das políticas públicas americanas se as culparmos por não considerarem o papel que a oferta de capital novo desempenha na melhoria e expansão da produção. Um exemplo instrutivo foi fornecido pelo conflito entre o governo e as empresas quanto à adequação dos parâmetros de depreciação sob condições inflacionárias. Nos acalorados debates sobre lucros, impostos e aumento dos salários, a oferta de capital quase não é mencionada, se é que é mencionada. Ao comparar os salários e os padrões de vida americanos com os de países estrangeiros, a maioria dos autores e políticos não sublinha as diferenças nas proporções *per capita* de capital investido.

Nos últimos quarenta anos, a tributação americana adotou cada vez mais métodos que abrandaram consideravelmente o ritmo de acumulação de capital. Se continuar nesta linha, chegará um dia ao ponto em que já não será possível qualquer novo aumento de capital, ou até mesmo causará a redução do seu estoque. Só há um caminho para frear tal evolução e poupar a este país o destino da Inglaterra e da França. É preciso substituir fábulas e ilusões por ideias econômicas sólidas.

### Escassez de capital

Até agora empreguei os termos *escassez de capital* e *limitação de capital* sem maiores explicações e definições. Isto foi suficiente, desde que eu lidasse principalmente com as condições dos países cuja oferta de capital parecia inadequada quando comparada com a oferta nos países mais avançados, especialmente no país economicamente mais avançado, os Estados Unidos. Mas ao examinar os problemas americanos, é necessária uma interpretação mais minuciosa dos termos.

A rigor, o capital sempre foi escasso e sempre será. A oferta disponível de bens de capital nunca poderá ser tão abundante que todos os projetos cuja execução possa melhorar o bem-estar material das pessoas possam ser realizados ao mesmo tempo. Se fosse de outra forma, a humanidade viveria no Jardim do Éden e não teria que se preocupar com a produção. Qualquer que seja o estado da oferta de capital, neste nosso mundo real existirão sempre projetos empresariais que não podem ser lançados porque o capital que necessitariam é utilizado noutras empresas, cujos produtos são mais urgentemente demandados pelos consumidores. Em todos os ramos da indústria existem limites além dos quais o investimento de capital adicional não compensa. Não compensa porque os bens de capital em causa podem encontrar alocação na produção de bens que são, aos olhos do público comprador, mais valiosos. Se, em igualdade de circunstâncias, a oferta de capital aumentar, os projetos que até então não podiam ser realizados tornam-se rentáveis e são iniciados. Nunca faltam oportunidades de investimento. Se faltam oportunidades de investimento rentável, a razão é que todos os bens de capital disponíveis já foram investidos noutros projetos rentáveis.

Ao falar da escassez de capital de um país que é mais pobre que os outros, não nos referimos a este fenômeno da escassez geral e perpétua de capital. Basta comparar a situação neste país individual com a de outros países onde o capital é mais abundante. Olhando para a Índia, pode-se dizer: aqui estão alguns artesãos produzindo, com um capital total de dez mil dólares, produtos com valor de mercado de, digamos, um milhão de dólares. Numa fábrica americana com um equipamento de capital de um milhão de dólares, o mesmo número de trabalhadores produz produtos com um valor de mercado de 500 vezes mais dólares. Infelizmente, os empresários indianos não têm capital para fazer investimentos semelhantes aos dos americanos. A consequência é que a produtividade por homem é mais baixa na Índia do que na América, que a quantidade total de bens disponíveis para consumo é menor e que o indiano médio é pobre quando comparado com o americano médio.

Não existe, especialmente sob condições inflacionárias, nenhum padrão confiável que possa ser aplicado para medir a escassez de capital. Quando for impossível comparar as condições de um país com as de países onde a oferta de capital é mais abundante, como é o caso dos Estados Unidos, apenas comparações com a dimensão hipotética da oferta de capital (o que teria acontecido caso certas coisas não tivessem ocorrido) são possíveis. Não existe num país assim nenhum fenômeno que se apresente como escassez de capital tão clara e óbvia como ela se apresenta hoje ao povo da Índia. Tudo o que se pode dizer é: se em nossa nação as pessoas tivessem poupado mais no passado, algumas melhorias nos métodos tecnológicos (e a expansão paralela da produção através da duplicação de equipamentos do tipo já existente para os quais falta o capital necessário) teriam sido viáveis.

## Tributação "sufoque os ricos"

Não é fácil explicar esta situação a pessoas enganadas pela sanha anticapitalista. Na opinião dos autoproclamados intelectuais, o sistema capitalista e a ganância dos empresários são os culpados pelo fato de a soma total dos produtos destinados ao consumo não ser maior do que é atualmente na realidade. A única maneira de acabar com a pobreza que conhecem é retirar – através de impostos progressivos – o máximo possível daqueles que tem mais. Aos seus olhos, a riqueza dos ricos é a causa da pobreza dos pobres. Nesta ideia, as políticas fiscais de todas as nações e especialmente também dos Estados Unidos foram, nas últimas décadas, orientadas para o confisco de porções cada vez maiores da riqueza e da renda daquele que ganham mais. A maior parte dos fundos recolhidos desta maneira teria sido utilizada pelos pagadores de impostos para poupanças e acumulação adicional de capital. O seu investimento teria aumentado a produtividade por homem-hora e, desta forma, a (nova) produção teria fornecido mais bens para consumo. O padrão de vida médio do homem comum teria aumentado. Se o governo gasta aquilo que arrecada através destes impostos em despesas correntes, eles são dissipados e a acumulação de capital concomitantemente passa a ocorrer mais lentamente.

    Independentemente do que se pense sobre a razoabilidade desta política de sufocar os ricos, é impossível negar o fato de que ela já atingiu os seus limites. Na Grã-Bretanha, o Chanceler Socialista do Tesouro teve de admitir há alguns anos que mesmo o confisco total de tudo o que ainda resta às pessoas com rendimentos mais elevados acrescentaria apenas uma soma insignificante às receitas internas e que já não se pode melhorar a situação dos indigentes taxando os ricos.

Neste país, um confisco total de rendimentos superiores a vinte e cinco mil dólares renderia, na melhor das hipóteses, muito menos de um bilhão de dólares, uma soma realmente muito pequena quando comparada com o tamanho do orçamento atual do governo e do provável déficit. O princípio fundamental das políticas financeiras dos autoproclamados progressistas foi perseguido até o ponto em que se derrota e o seu absurdo se torna manifesto. Os progressistas estão perdendo o juízo. Daqui para a frente, se quiserem expandir ainda mais a despesa pública, terão de tributar mais pesadamente precisamente aquelas classes de eleitores cujo apoio até agora angariaram, colocando o fardo principal sobre os ombros da minoria das pessoas mais ricas. (Um dilema muito embaraçoso para o próximo Congresso.)

## Para aumentar os salários, aumente o investimento em capital

Mas é exatamente a perplexidade desta situação que oferece uma oportunidade favorável para a substituição dos erros perniciosos que prevaleceram nas últimas décadas por princípios econômicos sólidos. Agora é o momento de explicar aos eleitores as causas da prosperidade americana, por um lado, e da situação difícil das nações atrasadas, por outro. Eles precisam aprender que o que torna os salários americanos muito mais altos do que os de outros países é o volume de capital investido nos Estados Unidos quando comparado aos outros países, e que qualquer melhoria adicional do nível de vida dos trabalhadores depende de uma acumulação suficiente de capital. Hoje só os empresários se preocupam com a disponibilização de novos capitais para a expansão e melhoria de suas fábricas. O resto da população é indiferente a esta questão, não sabendo que o seu bem-estar e o dos seus filhos está em jogo. O que é necessário é fazer com que a importância destes problemas seja compreendida por todos. Nenhuma plataforma partidária deve ser considerada satisfatória se não contiver o seguinte ponto: como a prosperidade da nação e o aumento dos salários dependem de um aumento contínuo do capital investido nas suas fábricas, minas e fazendas, é uma das principais tarefas de um bom governo remover todos os obstáculos que impedem a acumulação e o investimento de novo capital.

Nada é inflacionário exceto a inflação, ou seja, o aumento da quantidade de dinheiro em circulação e de crédito. E nas condições atuais, ninguém, a não ser o governo, pode criar inflação.

***Salários, desemprego e inflação***

# DINHEIRO, INFLAÇÃO E GOVERNO

# CAPÍTULO 4
# O meio do caminho leva ao socialismo[35]

## A impopularidade do capitalismo

O dogma fundamental de todos os tipos de socialismo e comunismo é que a economia de mercado ou capitalismo é um sistema que fere os interesses vitais da imensa maioria das pessoas em benefício exclusivo de uma pequena minoria de individualistas brutos. O capitalismo condena as massas ao empobrecimento progressivo. Provoca miséria, escravidão, opressão, degradação e exploração dos trabalhadores, ao mesmo tempo que enriquece uma classe de parasitas ociosos e inúteis.

Esta forma de pensar não foi obra de Karl Marx. Ela foi desenvolvida muito antes de Marx entrar em cena. Os seus propagadores mais bem sucedidos não foram os autores marxistas, mas homens como Carlyle

---

35. Discurso no University Club em Nova York, em 18 abr. 1950. Publicado originalmente pela Commercial and Financial Chronicle, 4 mai. 1950. (BBG)

e Ruskin, os fabianos britânicos, os professores alemães e os institucionalistas norte-americanos. E é um fato muito significativo que a precisão deste dogma tenha sido contestada apenas por alguns economistas, que foram rapidamente silenciados e impedidos de conseguir cargos universitários, de ter voz na imprensa, de chegar à liderança de partidos políticos e, acima de tudo, aos cargos públicos. A opinião pública em geral aceitou a condenação do capitalismo sem qualquer ressalva.

### Socialismo

Mas, é claro, as conclusões políticas práticas que as pessoas tiraram deste dogma não eram uniformes. Um grupo declarou que só existe uma forma de eliminar estes males, abolir totalmente o capitalismo. Eles defendem o controle público dos meios de produção em substituição ao controle privado. Eles visam o estabelecimento do que é chamado de socialismo, comunismo, planejamento ou capitalismo de Estado. Todos esses termos significam a mesma coisa. Os consumidores já não deveriam, através das suas compras e de suas decisões de não comprar, determinar o que deve ser produzido, em que quantidade e com que qualidade. Daqui para frente, apenas uma autoridade central deverá dirigir todas as atividades de produção.

### Intervencionismo

Um segundo grupo parece ser menos radical. Eles rejeitam tanto o socialismo quanto o capitalismo. Recomendam um terceiro sistema, que, como dizem, está tão longe do capitalismo como do socialismo, que, como terceiro sistema de organização econômica da sociedade, fica a meio caminho entre os dois outros sistemas e, embora mantendo as vantagens de ambos, evita as desvantagens inerentes a cada um. Este terceiro sistema é conhecido como sistema de intervencionismo. Na terminologia da política americana, é frequentemente referido como a política do meio-termo.

O que torna este terceiro sistema popular entre muitas pessoas é a forma particular como escolhem encarar os problemas que ele envolve. Na sua opinião dessa pessoas, duas classes, os capitalistas e empresários de um lado, e os assalariados, do outro, estão discutindo sobre a distribuição do rendimento do capital e das atividades empresariais. As duas partes estão reivindicando o bolo inteiro para si. Agora, sugerem estes mediadores, façamos as pazes dividindo o valor disputado igualmente entre as duas classes. O Estado, como árbitro imparcial, deveria interferir e conter a ganância dos capitalistas e atribuir uma parte dos lucros às classes trabalhadoras. Assim será possível destronar o demônio do capitalismo sem entronizar o demônio do socialismo totalitário.

Porém, este modo de olhar para a questão é completamente falacioso. O antagonismo entre o capitalismo e o socialismo não é uma disputa sobre a distribuição do bolo. É uma controvérsia sobre qual dos dois esquemas de organização econômica da sociedade, o capitalismo ou o socialismo, conduz à melhor realização daqueles fins que todas as pessoas consideram como o objetivo final das atividades vulgarmente chamadas de econômicas, a saber, a melhor oferta possível de bens e serviços úteis. O capitalismo quer atingir tais fins através da iniciativa e do empreendimento privado, sujeitos à supremacia do público exercida em seus atos de comprar e deixar de comprar. Os socialistas querem substituir os planos dos vários indivíduos pelo plano único de uma autoridade central. Querem substituir o que Marx chamou de "anarquia da produção" pelo monopólio exclusivo do governo. O antagonismo não se refere ao modo de distribuição de uma quantidade fixa de bens. Refere-se ao modo de produção de todos os bens de que as pessoas desejam desfrutar. O conflito entre os dois princípios é inconciliável e não permite qualquer compromisso. O controle é indivisível. Ou a demanda dos consumidores manifestada no mercado decide para que fins e como os fatores de produção devem ser utilizados, ou o governo cuida destas questões. Não há nada que possa mitigar a oposição entre estes dois princípios contraditórios. Um impede o funcionamento do outro.

O intervencionismo não é um meio-termo brilhante entre o capitalismo e o socialismo. É o desenho de um terceiro sistema de organização econômica da sociedade, e deve ser apreciado como tal.

Não é tarefa da discussão de hoje levantar questões sobre os méritos do capitalismo ou do socialismo. Estou lidando agora apenas com o intervencionismo. E não pretendo entrar numa avaliação arbitrária do intervencionismo a partir de qualquer ponto de vista pré-concebido. A minha única preocupação é mostrar como funciona o intervencionismo e se ele pode ou não ser considerado um padrão de um sistema permanente de organização econômica da sociedade.

Os intervencionistas enfatizam que planejam manter a propriedade privada dos meios de produção, o empreendedorismo e as trocas de mercado. Mas, prosseguem, é fundamental evitar que estas instituições capitalistas espalhem o caos e explorem injustamente a maioria das pessoas. É dever do governo restringir, através de ordens e proibições, a ganância das classes proprietárias, para que tal ganância não prejudique as classes mais pobres. O capitalismo desimpedido ou laissez-faire é um mal. Mas, para eliminar os seus males, não há necessidade de abolir totalmente o capitalismo. É possível melhorar o sistema capitalista através da interferência do governo nas ações dos capitalistas e empreendedores. Essa regulação governamental e arregimentação dos negócios é o único método para evitar o socialismo totalitário e para salvar as características do capitalismo que valem a pena preservar.

Com base nesta filosofia, os intervencionistas defendem uma miríade de medidas diversas. Vejamos um destes esquemas, o muito popular controle de preços.

## CONTROLE DE PREÇOS

O governo acredita que o preço de uma determinada mercadoria, por exemplo, o leite, está muito alto. Ele quer permitir que os pobres deem mais leite aos seus filhos. Assim, o governo recorre a um preço máximo e fixa o preço do leite a uma taxa inferior àquela que é prevalente no mercado livre. O resultado é que os produtores marginais de leite, aqueles que produzem ao custo mais elevado, incorrem agora em prejuízos. Como nenhum agricultor ou empresário pode continuar a produzir com prejuízo, estes produtores marginais deixam de produzir e vender leite no mercado. Eles usarão suas vacas e suas habilidades para outros fins mais lucrativos. Produzirão, por exemplo, manteiga, queijo ou carne. Haverá menos leite disponível para os consumidores, e não mais. Isto, é claro, é contrário às intenções do governo. O governo queria tornar mais fácil para algumas pessoas comprar mais leite. Mas, como resultado da sua interferência, a oferta disponível é reduzida. A medida se revela prejudicial do ponto de vista do governo e dos grupos que este buscava, com fervor, favorecer. A intervenção provoca uma situação que – mais uma vez do ponto de vista do governo – é ainda menos desejável do que a situação anterior para a qual a intervenção foi concebida para melhorar.

Agora, o governo se depara com uma alternativa. Pode revogar o seu decreto e abster-se de quaisquer esforços adicionais para controlar o preço do leite. Mas se insistir na sua intenção de manter o preço do leite abaixo da taxa que o mercado livre teria determinado e quiser, ainda assim, evitar uma queda na oferta de leite, deverá tentar eliminar as causas que tornam o negócio dos produtores marginais algo que gera prejuízo. O governo deve acrescentar ao primeiro decreto, relativo apenas ao preço do leite, um segundo decreto fixando os preços dos fatores de produção necessários à produção de leite a uma taxa tão baixa que os produtores marginais de leite deixem de sofrer prejuízos e, portanto, parem de restringir sua produção. Mas então a mesma história se repete num plano mais remoto. A oferta dos fatores de produção necessários à produção de leite diminui e novamente o governo está de volta ao ponto de partida. Se não quiser admitir a derrota e abster-se de qualquer interferência nos preços, deverá pressionar ainda mais e fixar os preços dos fatores de produção que são necessários para a produção dos fatores necessários à produção de leite. Assim, o governo é forçado a ir cada vez mais longe, fixando passo a passo os preços de todos os bens de consumo e de todos os fatores de produção – tanto humanos, isto é, laborais, como materiais – e a ordenar a cada empresário e a cada trabalhador que continuem a trabalhar à esses preços e salários determinados. Nenhum ramo industrial pode ser omitido desta fixação abrangente de preços e salários e desta obrigação de produzir as quantidades que o governo deseja ver produzidas. Se alguns ramos fossem deixados livres devido ao fato de produzirem apenas bens qualificados como não vitais ou mesmo como luxos, o capital e o trabalho tenderiam a fluir para eles e o resultado seria uma queda na oferta dos ramos que produzem os bens cujos preços o governo fixou precisamente porque os considera indispensáveis para a satisfação das necessidades das massas.

Mas quando este estado de controle total dos negócios for alcançado, não poderá mais haver qualquer questão sobre se esta é uma economia de mercado. Os cidadãos já não determinam, através da sua compra ou não-compra, o que deve ser produzido e como. O poder de decidir essas questões cabe agora ao governo. Isto já não é capitalismo; é um planejamento total do governo, é socialismo.

## Socialismo, o padrão alemão

É claro que é verdade que este tipo de socialismo preserva alguns dos rótulos e a aparência exterior do capitalismo. Ele mantém, aparente e nominalmente, a propriedade privada dos meios de produção, os preços, os salários, as taxas de juro e os lucros. Na verdade, porém, nada conta a não ser a autocracia irrestrita do governo. O governo diz aos empreendedores e capitalistas o que produzir e em que quantidade e qualidade, a que preços comprar e de quem, a que preços vender e para quem. O governo decreta quais salários e onde os trabalhadores devem trabalhar. A troca de mercado é apenas uma farsa. Todos os preços, salários e taxas de juros são determinados pela autoridade. São preços, salários e taxas de juros apenas na aparência; na verdade, são apenas relações quantitativas nas ordens do governo. O governo, e não os consumidores, dirige a produção. O governo determina a renda de cada cidadão, atribui a cada um a posição na qual deve trabalhar. Isto é o socialismo na aparência exterior do capitalismo.

É a *Zwangswirtschaft* do Reich alemão de Hitler e a economia planificada da Grã-Bretanha.

O esquema de transformação social que descrevi não é apenas uma construção teórica. É um retrato realista da sucessão de acontecimentos que provocaram o socialismo na Alemanha, na Grã-Bretanha e em alguns outros países.

Os alemães, na Primeira Guerra Mundial, começaram com preços máximos para um pequeno grupo de bens de consumo considerados de necessidade vital. Foi o fracasso inevitável destas medidas que os impeliu a ir cada vez mais longe até que, no segundo período da guerra, conceberam o plano Hindenburg. No contexto do plano Hindenburg não foi deixada qualquer margem para a livre escolha por parte dos consumidores e para ações de iniciativa das empresas. Todas as atividades econômicas estavam incondicionalmente subordinadas à jurisdição exclusiva das autoridades. A derrota total do Kaiser varreu todo o aparato administrativo imperial e com ele foi também o plano grandioso. Mas quando, em 1931, o Chanceler Brüning embarcou novamente numa política de controle de preços e os seus sucessores, em primeiro lugar Hitler, se agarraram obstinadamente a ela, a mesma história se repetiu.

## Socialismo, a experiência britânica

A Grã-Bretanha e todos os outros países que na Primeira Guerra Mundial adotaram medidas de controle de preços tiveram de experimentar o mesmo fracasso. Eles também foram pressionados cada vez mais nas suas tentativas de fazer com que os decretos iniciais funcionassem. Mas ainda se encontravam numa fase rudimentar deste desenvolvimento quando a vitória na guerra e a oposição do público eliminaram todos os esquemas de controle de preços.

Foi diferente na Segunda Guerra Mundial. Naquele período a Grã-Bretanha recorreu novamente a tetos de preços para algumas mercadorias vitais e teve de percorrer toda a cadeia, avançando cada vez mais até substituir a liberdade econômica pelo planejamento abrangente de toda a economia do país. Quando a guerra terminou, a Grã-Bretanha era uma comunidade socialista.

É digno de nota lembrar que o socialismo britânico não foi uma conquista do governo trabalhista do Sr. Attlee, mas do gabinete de guerra do Sr. Winston Churchill. O que o Partido Trabalhista [Labor Party] fez não foi estabelecer o socialismo num país livre, mas sim manter o socialismo tal como se desenvolveu durante a guerra no período pós-guerra. O fato foi obscurecido pelo grande frisson causado pelas nacionalizações do Banco de Inglaterra, das minas de carvão e de outros ramos de negócios. No entanto, a Grã-Bretanha deve ser chamada de país socialista não porque certas empresas tenham sido formalmente expropriadas e nacionalizadas, mas porque todas as atividades econômicas de todos os cidadãos estão sujeitas ao controle total do governo e das suas agências. As autoridades dirigem a alocação de capital e de mão de obra aos vários ramos de negócio. Eles determinam o que deve ser produzido. A supremacia em todas as atividades comerciais cabe exclusivamente ao governo. O povo é reduzido à condição de pupilo, incondicionalmente obrigado a obedecer ordens. Aos homens de negócios, aqueles que um dia foram empreendedores, restam apenas funções acessórias. Tudo o que eles são livres de fazer é pôr em prática, dentro de um campo estreito e bem circunscrito, as decisões dos departamentos governamentais.

## UMA INTERVENÇÃO LEVA A OUTRAS INTERVENÇÕES

O que precisamos entender é que os tetos de preços que afetam apenas alguns produtos não conseguem atingir os objetivos pretendidos. Pelo contrário. Produzem efeitos que, do ponto de vista do governo, são ainda piores do que a situação anterior que o governo queria alterar. Se o governo, a fim de eliminar estas consequências inevitáveis mas indesejáveis, prosseguir cada vez mais o seu curso, ele transformará finalmente o sistema de capitalismo e de livre iniciativa no socialismo do modelo Hindenburg.

O mesmo se aplica a todos os outros tipos de interferência nos fenômenos de mercado. O salário mínimo, quer seja decretado e aplicado pelo governo ou pela pressão e violência sindical, resulta num desemprego em massa prolongado ano após ano, assim que tentam aumentar os salários acima do nível que teriam num mercado livre. As tentativas de baixar as taxas de juro através da expansão do crédito geram, é verdade, um período de negócios em expansão. Mas a prosperidade criada desta maneira é apenas um balão de ar artificial e deve conduzir inexoravelmente à recessão e à depressão. As pessoas têm de pagar caro pela orgia do dinheiro fácil de alguns poucos anos de expansão do crédito e inflação.

Na opinião de indivíduos imprudentes, os recorrentes períodos de depressão e desemprego em massa desacreditaram o capitalismo. No entanto, estes acontecimentos não são o resultado do funcionamento do mercado livre. São, pelo contrário, o resultado de uma interferência governamental bem-intencionada, mas imprudente, no mercado. Não há outro meio pelo qual o nível dos salários e o nível de vida geral possam ser melhorados, a não ser através da aceleração do aumento do capital em comparação com a população. O único meio de aumentar permanentemente os salários para todos aqueles que procuram emprego e desejam ganhar salários é aumentar a produtividade do esforço industrial, aumentando a proporção *per capita* de capital investido. O que faz com que os salários americanos excedam de longe os salários da Europa e da Ásia é o fato de o trabalho do trabalhador americano ser auxiliado por mais e melhores ferramentas. Tudo o que um bom governo pode fazer para melhorar o bem-estar material do povo é estabelecer e preservar uma ordem institucional na qual não haja obstáculos à acumulação progressiva de capital novo, necessário para a melhoria dos métodos de produção. Isto é o que o capitalismo conseguiu no passado e irá alcançar também no futuro, se não for sabotado pela má política.

## Socialismo por intervenção ou expropriação

O intervencionismo não pode ser considerado um sistema econômico destinado a se perpetuar. Ele é um método para a transformação do capitalismo em socialismo através de uma série de passos sucessivos. É, como tal, diferente dos esforços dos comunistas para concretizar o socialismo de uma só vez. A diferença não está no objetivo final do movimento político; ela está principalmente nas táticas a serem utilizadas para atingir o fim desejado pelos dois grupos.

Karl Marx e Friedrich Engels recomendaram sucessivamente cada um destes dois caminhos para a realização do socialismo. Em 1848, no *Manifesto Comunista*, delinearam um plano para a transformação passo a passo do capitalismo em socialismo. O proletariado deveria ser elevado à posição de classe dominante e usar a sua supremacia política "para arrancar, gradualmente, todo o capital da burguesia". Isto, dizem eles, "não pode ser efetuado exceto por meio de incursões despóticas sobre os direitos de propriedade e das condições da produção burguesa. Isto é, isso se dará por meio de medidas que parecerão economicamente insuficientes e insustentáveis. Porém, no curso do movimento, essas medidas ultrapassarão a si mesmas e serão necessárias mais incursões contra a velha ordem social. Elas são inevitáveis como meio de revolucionar inteiramente o modo de produção". Neste sentido, enumeram, a título de exemplo, dez medidas.

Nos anos seguintes, Marx e Engels mudaram de ideia. No seu tratado principal, *Das Kapital* [*O Capital*], publicado pela primeira vez em 1867, Marx via as coisas de uma maneira diferente. O socialismo está fadado a vir "com a inexorabilidade de uma lei da natureza". Mas não pode aparecer antes que o capitalismo tenha atingido a sua plena maturidade. Só existe um caminho para o colapso do capitalismo, e este é a evolução progressiva do próprio capitalismo. Só então a grande revolta final da classe trabalhadora lhe dará o golpe final e inaugurará a era eterna da abundância.

Do ponto de vista desta doutrina posterior, Marx e a escola do marxismo ortodoxo rejeitam todas as políticas que pretendem restringir, regular e melhorar o capitalismo. Tais políticas, declaram eles, não são apenas fúteis, mas também totalmente prejudiciais, porque atrasam a maioridade do capitalismo, a sua maturidade e, portanto, também o seu colapso. Portanto, tais medidas não são progressistas, mas reacionárias. Foi esta ideia que levou o Partido Social-Democrata Alemão a votar contra a legislação de segurança social de Bismarck e a frustrar o plano de Bismarck de nacionalizar a indústria tabaqueira alemã. Do ponto de vista da mesma doutrina, os comunistas rotularam o New Deal americano como uma conspiração reacionária extremamente prejudicial aos verdadeiros interesses dos trabalhadores.

O que devemos compreender é que o antagonismo entre os intervencionistas e os comunistas é uma manifestação do conflito entre as duas doutrinas do marxismo, uma inicial e uma tardia. É o conflito entre o Marx de 1848, autor do *Manifesto Comunista*, e o Marx de 1867, autor de *O Capital*. E é paradoxal que o documento no qual Marx endossou as políticas públicas daqueles que hoje se autodenominam anticomunistas seja chamado de *Manifesto Comunista*.

Existem dois métodos para a transformação do capitalismo em socialismo. Um consiste em expropriar todas as fazendas, fábricas e lojas e operá-las através de um aparelho burocrático como departamentos do governo. Toda a sociedade, diz Lenin, torna-se "um escritório e uma fábrica, com trabalho igual e salário igual"[36], toda a economia será organizada "como o sistema de correios"[37]. O segundo método é o método do plano Hindenburg, o padrão originalmente alemão do Estado de Bem-Estar Social e do planejamento. Este segundo método obriga cada empresa e cada indivíduo a cumprir rigorosamente as ordens emitidas pelo conselho central de gestão da produção do governo. Esta era a intenção da Lei Nacional de Recuperação Industrial[38] de 1933, que foi frustrada pela resistência das empresas e que a Suprema Corte declarou inconstitucional. Esta é a ideia implícita nos esforços que buscam substituir a iniciativa privada pelo planejamento.

## SOCIALISMO ATRAVÉS DO CONTROLE CAMBIAL

A principal maneira para a realização deste segundo tipo de socialismo está nos países industrializados como a Alemanha e a Grã-Bretanha, no controle

---

36. Ver LENIN, V. I. *State and Revolution*. Little Lenin Library no 14, Nova York, 1932, p. 84.
37. *Ibid.*, p. 44.
38. No original: "National Industrial Recovery Act". (N. T.)

cambial. Estes países não podem alimentar e vestir a sua população com recursos internos. Eles devem importar grandes quantidades de alimentos e matérias-primas. Para pagar estas importações profundamente necessárias, devem exportar produtos manufaturados, a maioria deles produzidos a partir de matérias-primas importadas. Nesses países, quase toda transação comercial, direta ou indiretamente, está condicionada quer pela exportação ou importação, quer pela exportação e importação. Assim, o monopólio governamental de compra e venda de moedas estrangeiras faz com que todo tipo de atividade empresarial dependa das vontades e da discricionariedade da agência encarregada do controle de câmbio. Neste país as coisas são diferentes. O volume do comércio exterior é bastante pequeno quando comparado com o volume total do comércio do país. O controle cambial afetaria de maneira apenas leve a maior parte dos negócios americanos. Esta é a razão pela qual nos esquemas dos nossos planejadores quase não há qualquer questão de controle cambial. Os seus objetivos estão focados no controle de preços, de salários e de taxas de juro, para o controle do investimento e para a limitação de lucros e rendimentos.

### EFEITOS DA TRIBUTAÇÃO PROGRESSIVA

Olhando para trás, para a evolução do imposto de renda desde o início do imposto de renda federal, em 1913, até aos dias de hoje, dificilmente se pode esperar que o imposto não absorva um dia 100% de todo o excedente acima da renda do eleitor médio. É isto que Marx e Engels tinham em mente quando, no *Manifesto Comunista*, recomendaram "um pesado imposto de renda progressivo ou gradual".

Outra das sugestões do *Manifesto Comunista* foi a "abolição de todos os direitos de herança". Ora, nem na Grã-Bretanha nem neste país as leis chegaram a este ponto. Mas, novamente, olhando para trás, para a história passada dos impostos sobre propriedades, temos de perceber que eles se aproximaram cada vez mais do objetivo estabelecido por Marx. Os impostos imobiliários no nível que já atingiram para as faixas superiores não devem mais ser qualificados como impostos. São medidas de expropriação.

A filosofia subjacente ao sistema de tributação progressiva é que o rendimento e a riqueza das classes abastadas podem ser livremente explorados. O que os defensores destes níveis de imposto não conseguem perceber é que a maior parte dos rendimentos tributados não teria sido consumida, mas sim poupada e investida. Na verdade, esta política fiscal não impede apenas a acumulação adicional de novo capital. Provoca redução do volume de capital existente. Esta é certamente a situação atual na Grã-Bretanha.

## A TENDÊNCIA PARA O SOCIALISMO

O curso dos acontecimentos nos últimos trinta anos mostra um progresso contínuo, embora às vezes interrompido, no sentido do estabelecimento neste país do socialismo de modelo britânico e alemão. Os

EUA iniciaram este declínio mais tarde do que estes dois outros países e hoje estão ainda mais longe do seu fim. Mas se a tendência desta política não mudar, o resultado final diferirá apenas em pontos acidentais e insignificantes do que aconteceu na Inglaterra de Attlee e na Alemanha de Hitler. O meio do caminho não é um sistema econômico que possa se perpetuar. É um método para chegar ao socialismo dividido em prestações.

Muitas pessoas se opõem. Elas apontam para o fato de que a maioria das leis que visam o planejamento ou a expropriação através de impostos progressivos deixaram algumas lacunas que dão à empresa margem de manobra. Que tais lacunas ainda existam e que graças a elas este país ainda seja um país livre é certamente verdade. Mas estas lacunas do capitalismo não são um sistema duradouro. São uma pausa na caminhada em direção ao socialismo. Forças poderosas estão em ação para eliminar estas lacunas. Quanto mais passa o tempo, menor o campo no qual a empresa privada é livre para operar.

É claro que este resultado não é inevitável. A tendência pode ser revertida, como aconteceu com muitas outras tendências na história. O dogma marxista segundo o qual o socialismo está fadado a surgir "com a inexorabilidade de uma lei da natureza" é apenas uma suposição arbitrária desprovida de qualquer prova. Mas o prestígio que este prognóstico goza não apenas entre os marxistas, mas entre muitos autodenominados neomarxistas, é o principal instrumento do progresso do socialismo. Esta crença espalha o derrotismo entre aqueles que, se pensassem de outra maneira, lutariam corajosamente contra a ameaça socialista. O aliado mais poderoso da Rússia Soviética é a doutrina de que a "onda do futuro" nos leva em direção ao socialismo e que é, portanto, "progressista" simpatizar com todas as medidas que restringem cada vez mais o funcionamento da economia de mercado.

### Antídoto ao socialismo, ideologia *laissez-faire*

Mesmo neste país que deve a um século de "individualismo robusto" o mais elevado padrão de vida já alcançado por qualquer nação, a opinião pública condena o *laissez-faire*. Nos últimos cinquenta anos, foram publicados milhares de livros para acusar o capitalismo e defender o intervencionismo radical, o Estado de Bem-Estar Social e o socialismo. Os poucos livros que tentavam explicar adequadamente o funcionamento da economia de mercado livre dificilmente foram notados pelo público. Seus autores permaneceram obscuros, enquanto autores como Veblen, Commons, John Dewey e Laski foram alegremente elogiados. É bem sabido que o palco legítimo, bem como a indústria de Hollywood, não são menos radicalmente críticas à livre iniciativa do que muitos romances. Existem neste país muitos periódicos que em cada edição atacam furiosamente a liberdade econômica. Dificilmente existe qualquer revista de opinião que defenda o sistema que fornece à imensa maioria das pessoas boa comida e abrigo, carros, geladeiras, rádios e outras amenidades às quais os cidadãos de outros países tratam como luxos.

O impacto desta situação é que praticamente muito pouco é feito para preservar o sistema da empresa privada. Há apenas pessoas que pensam adotam a mentalidade do meio do caminho e que pensam ter tido sucesso quando adiaram por algum tempo uma medida especialmente danosa para a economia. Eles estão sempre na defensiva. Eles hoje aceitam medidas que há apenas dez ou vinte anos teriam considerado inaceitáveis. Daqui a alguns anos concordarão com outras medidas que hoje consideram simplesmente fora de questão.

O que pode impedir a chegada do socialismo totalitário é apenas uma mudança profunda nas ideologias. O que precisamos não é de antissocialíssimo nem de anticomunismo, mas de um endosso aberto e positivo ao sistema para o qual devemos toda a riqueza que distingue a nossa época das condições comparativamente difíceis de épocas passadas.

# CAPÍTULO 5
# Inflação e controle de preços[39]

Sob o socialismo, controles governamentais; sob o capitalismo, o mercado nos guia

Sob o socialismo, a produção é inteiramente dirigida pelas ordens do conselho central de gestão da produção. Toda a nação é um "exército industrial" (um termo usado por Karl Marx no *Manifesto Comunista*) e cada cidadão é obrigado a obedecer às ordens do seu superior. Cada um tem de contribuir com a sua parte para a execução do plano geral adotado pelo governo.

Na economia livre, nenhum czar da produção diz a um homem o que este deve fazer. Cada um planeja e age por si mesmo. A coordenação das atividades dos vários indivíduos e a sua integração num sistema harmonioso de fornecimento de bens e serviços que os consumidores procuram ocorre pelo processo de mercado e pela estrutura de preços que ele gera.

---

39. Publicado originalmente em The Commercial and Financial Chronicle, 20 dez. 1945. (BBG)

O mercado dirige a economia capitalista. Dirige as atividades de cada indivíduo para os canais em que ele melhor atende às necessidades de seus semelhantes. O mercado por si só põe em ordem todo o sistema social de propriedade privada dos meios de produção e da livre iniciativa e dá à este sistema sentido e significado.

Não há nada de automático ou misterioso no funcionamento do mercado. As únicas forças que determinam o seu estado de fluxo contínuo são os julgamentos de valor dos vários indivíduos e as suas ações, orientadas por esses mesmos julgamentos de valor. O fator fundamental do mercado é o esforço de cada homem para satisfazer suas necessidades e desejos da melhor maneira possível. A supremacia do mercado equivale à supremacia dos consumidores. Ao comprarem e ao se absterem de comprar, os consumidores determinam não apenas a estrutura de preços, mas nada menos que o que deve ser produzido, em que quantidade e qualidade e por quem. Os consumidores determinam o lucro ou prejuízo de cada empresário e, portanto, quem deve ter e dirigir o capital e quem deve gerir as fábricas. Os consumidores tornam os pobres ricos e os ricos pobres. O sistema de lucro consiste essencialmente em produção para uso, uma vez que os lucros só podem ser obtidos através do sucesso no fornecimento aos consumidores das mercadorias que os consumidores mesmos desejam utilizar da maneira melhor e mais barata.

## O CONTROLE DE PREÇOS LEVA AO PLANEJAMENTO CENTRAL

A partir disto fica claro o que significa a interferência do governo na estrutura de preços do mercado. Tal interferência desvia a produção dos canais para os quais os consumidores querem direcioná-la para outras linhas. Num mercado não manipulado pela interferência governamental, prevalece uma tendência para expandir a produção de cada artigo até o ponto em que uma expansão adicional não compensaria porque o preço de venda não excederia os custos. Se o governo fixar um preço máximo, um teto de preços, para certas mercadorias abaixo do nível que o mercado livre teria determinado para elas e tornar ilegal a venda ao preço que seria encontrado no mercado livre, a produção envolverá uma perda para os produtores marginais. Aqueles que produzem com os custos mais altos saem do negócio e empregam as suas instalações de produção para a produção de outras mercadorias, não afetadas pelos tetos de preços. A interferência do governo no preço de uma mercadoria restringe a oferta disponível para consumo. Este resultado é contrário às intenções que motivaram a implantação do teto. O governo queria facilitar para que as pessoas obtivessem o bem em questão. Mas a sua intervenção resulta na redução da oferta daquele mesmo bem.

Se esta experiência ruim não ensinar às autoridades que o controle de preços é inútil e que a melhor política seria abster-se de esforços para controlar os preços, torna-se necessário acrescentar outras medidas à primeira medida, que restringia apenas o preço de um ou de vários bens de consumo. Neste ambiente, torna-se necessário fixar os preços dos fatores de produção necessários à produção dos bens de consumo que se deseja controlar. Então a mesma história se repete num plano mais remoto. A oferta dos fatores de produção cujos preços foram afetados pelo (novo) teto diminui. Então, novamente, o governo deve expandir a esfera dos seus tetos preço. Deve fixar os preços dos fatores secundários de produção necessários à produção daqueles fatores primários. Assim, o governo deve ir cada vez mais longe. Deve fixar os preços de todos os bens de consumo e de todos os fatores de produção, tanto os fatores materiais como o trabalho, e deve forçar todos os empresários e todos os trabalhadores a continuarem a produzir a esses preços e a receber estes salários. Nenhum ramo de produção deve ser omitido desta fixação global de preços e salários e desta ordem geral para continuar produzindo. Se alguns ramos industriais fossem deixados livres, o resultado seria uma transferência de capital e trabalho para aqueles ramos e uma queda proporcional na oferta de bens cujos preços o governo fixou. No entanto, são precisamente estes bens que o governo considera especialmente importantes para a satisfação das necessidades das massas.

Mas quando esse estado de controle total sobre as empresas é alcançado, a economia de mercado foi substituída por um sistema de planejamento central, pelo socialismo. Já não são os consumidores, mas sim o governo quem decide o que deve ser produzido e em que quantidade e qualidade. Os empreendedores não são mais empreendedores. Foram reduzidos ao estatuto de gerentes – ou *Betriebsführer*, como disseram os nazistas – e são obrigados a obedecer às ordens dadas pelo conselho central de gestão da produção do governo. Os trabalhadores são obrigados a trabalhar nas fábricas para as quais as autoridades os designaram; seus salários são determinados por decretos. O governo é supremo. Determina a renda e o padrão de vida de cada cidadão. É totalitário.

Se for limitado apenas a algumas mercadorias, o controle de preços é contrário ao seu objetivo declarado. Tal ação não pode funcionar satisfatoriamente numa economia de mercado. Os esforços para fazê-lo funcionar terão necessariamente de aumentar cada vez mais a esfera das mercadorias sujeitas a um controle de preços até que os preços de todas as mercadorias e serviços sejam regulados por decreto e o mercado deixe de funcionar.

Ou a produção pode ser orientada pelos preços dados no mercado pelos compradores e por aqueles que decidem não comprar; ou pode ser dirigido pelas repartições do governo. Não há uma terceira solução disponível. O controle governamental de uma parte dos preços apenas resulta numa situação que – sem qualquer exceção – todos consideram absurda e contrária ao propósito. O seu resultado inevitável é o caos e a agitação social.

## Controle de preços na Alemanha

Várias vezes tem sido dito que a experiência alemã provou que o controle de preços é viável e pode atingir os fins pretendidos pelo governo que recorre a ele. Nenhuma afirmação pode ser mais errada.

Quando estourou a Primeira Guerra Mundial, o Reich alemão adotou imediatamente uma política de inflação. Para evitar o resultado inevitável da inflação, um aumento geral dos preços, o Reich recorreu simultaneamente ao controle de preços. A tão glorificada eficiência da polícia alemã conseguiu fazer cumprir estes tetos de preços. Não havia mercados negros. Mas a oferta de mercadorias sujeitas a controle de preços caiu rapidamente. Os preços não subiram. Mas o público já não tinha condições de comprar alimentos, roupas e sapatos. O racionamento foi um fracasso. Embora o governo reduza cada vez mais as rações para as quais cada indivíduo tem direito, apenas algumas pessoas tinham a sorte de obter tudo o que o cartão de racionamento lhes prometia. Nos seus esforços para fazer funcionar o sistema de controle de preços, as autoridades expandiram passo a passo a esfera das mercadorias sujeitas a estes controles. Um ramo de negócios após o outro foi centralizado e colocado sob a gestão de um comissário governamental. O governo obteve controle total de todos os ramos vitais da produção. Mas, como alguns ramos industriais não foram atingidos, nem mesmo essa dissipação dos controles de preço foi suficiente. Assim, o governo decidiu ir ainda mais longe. O Programa

Hindenburg visava o planejamento integral de toda a produção. A ideia era colocar nas mãos das autoridades toda e qualquer atividade empresarial. Se o Programa Hindenburg tivesse sido executado, teria transformado a Alemanha numa comunidade puramente *totalitária*. Teria concretizado o ideal de Othmar Spann, o defensor do socialismo "alemão", de fazer da Alemanha um país em que a propriedade privada existe apenas num sentido formal e legal, quando na verdade só existe propriedade pública.

No entanto, o Programa Hindenburg ainda não tinha sido completamente posto em prática quando o Reich entrou em derrocada. A desintegração da burocracia imperial destruiu todo o aparato de controle de preços e do socialismo de guerra. Mas os autores nacionalistas continuaram a exaltar os méritos da *Zwangswirtschaft*, a economia compulsória. Era, diziam eles, o método mais perfeito para a realização do socialismo num país predominantemente industrial como a Alemanha. Estes autores triunfaram quando o Chanceler Brüning, em 1931, voltou a instituir as disposições essenciais do Programa Hindenburg, e quando mais tarde os nazistas aplicaram estes decretos com brutalidade.

Os nazistas não impuseram o controle de preços numa economia de mercado, ao contrário do que dizem seus admiradores estrangeiros. Para os nazistas, o controle de preços era apenas uma engrenagem na estrutura de um sistema abrangente de planejamento central. Na economia nazista não havia espaço para iniciativa privada e livre iniciativa. Todas as atividades produtivas eram dirigidas pelo *Reichswirtschaftsministerium*. Nenhuma empresa era livre para se desviar, na condução das suas operações, das ordens emitidas pelo governo. O controle de preços era apenas um mecanismo no emaranhado de inúmeros decretos e ordens que regulavam os mínimos detalhes de cada atividade empresarial e fixavam com precisão as tarefas de cada indivíduo, por um lado, e o quanto ele seria pago e seu nível de vida, por outro.

O que tornou difícil para muitas pessoas compreenderem a própria natureza do sistema econômico nazista foi o fato de os nazistas não terem expropriado abertamente os empresários e os capitalistas e de não terem adotado o princípio da igualdade de salários que os bolcheviques adotaram nos primeiros anos do domínio soviético e que mais tarde foi descartado. No entanto, os nazistas retiraram completamente a burguesia do controle sobre as empresas. Os empresários que não eram judeus nem suspeitos de tendências liberais e pacifistas mantiveram as suas posições na estrutura econômica. Mas eles eram praticamente apenas funcionários públicos assalariados, obrigados a cumprir incondicionalmente as ordens dos seus superiores, os burocratas do Reich e do partido nazista. Os capitalistas obtiveram os seus dividendos (fortemente reduzidos). Mas, tal como outros cidadãos, não eram livres para gastar mais dos seus rendimentos do que o Partido considerava adequado ao seu estatuto e posição na hierarquia. O excedente tinha que ser investido exatamente como mandavam as ordens do Ministério da Economia.

A experiência da Alemanha nazista certamente não refutou a afirmação de que o controle de preços está condenado ao fracasso numa economia que não é completamente socializada. Os defensores do controle de preços que pretendem preservar o sistema de iniciativa privada e de livre iniciativa estão profundamente enganados. O que eles realmente fazem é paralisar o funcionamento do dispositivo de direção desse sistema. Não se preserva um sistema destruindo o seu nervo vital; ao fazer isso, você mata o sistema.

## Inflação é expansão monetária

A inflação é o processo de grande aumento na quantidade de dinheiro em circulação. O seu principal veículo na Europa continental é a emissão de notas de curso legal não resgatáveis. Neste país, a inflação consiste principalmente em empréstimos governamentais tomados junto aos bancos comerciais e também num aumento na quantidade de papel-moeda de vários tipos e de moedas simbólicas. O governo financia seus gastos deficitários através da inflação.

A inflação deve resultar numa tendência geral para o aumento dos preços. Aqueles para cujos bolsos a quantidade adicional de moeda é direcionada estão em posição de expandir a sua demanda por bens e serviços. Uma demanda adicional deverá, mantidas as outras condições, aumentar os preços destes bens. Nenhum sofisma ou silogismo pode conjurar esta consequência inevitável da inflação.

A revolução semântica que é um dos traços característicos dos nossos dias obscureceu e confundiu este fato. O termo inflação é usado com uma nova conotação. O que as pessoas hoje chamam de inflação não é inflação, isto é, o aumento na quantidade de dinheiro e de substitutos monetários, elas chamam de inflação o aumento geral dos preços das mercadorias e dos salários, que é a consequência inevitável da inflação. Esta inovação semântica não é de forma alguma inofensiva.

Em primeiro lugar, já não existe qualquer termo disponível para denotar o que a palavra "inflação" costumava significar. É impossível combater um mal que não se pode nomear. Os estadistas e os políticos já não têm a oportunidade de recorrer a uma terminologia aceita e compreendida pelo público quando querem descrever a política financeira a que se opõem. Eles devem fazer uma análise e descrição detalhada desta política com detalhes completos e relatos minuciosos sempre que quiserem fazer referência a ela, e devem repetir este incômodo procedimento em cada frase em que tratam deste assunto. Como não se pode nomear a política de aumento da quantidade do meio circulante, ela prossegue de maneira exuberante.

O segundo mal é que aqueles que estão envolvidos em tentativas fúteis e desesperadas de combater as consequências inevitáveis da inflação – o aumento dos preços – estão mascarando seus esforços como se fossem uma luta contra a inflação. Enquanto lutam contra os sintomas, eles fingem combater as causas profundas do mal. E porque não compreendem a relação causal entre o aumento do dinheiro em circulação e a expansão do crédito, por um lado, e o aumento dos preços, por outro, na prática, eles pioram as coisas.

O melhor exemplo de como esta piora se dá é fornecido pelos subsídios. Como foi salientado, os tetos de preços reduzem a oferta do bem porque sua produção implica em prejuízos para os produtores marginais. Para evitar este resultado, os governos frequentemente concedem subsídios aos agricultores que operam com os custos mais elevados. Estes subsídios são financiados pela expansão adicional do crédito. Assim, resultam no aumento da pressão inflacionária. Se os consumidores pagassem preços mais elevados pelos produtos em questão, não surgiria nenhum efeito inflacionista adicional. Os consumidores teriam de utilizar para esses pagamentos mais elevados somente dinheiro que já tivesse sido colocado em circulação. Assim, a ideia alegadamente brilhante de combater a inflação através de subsídios provoca, na verdade, mais inflação.

## OS VERDADEIROS PERIGOS DA INFLAÇÃO

Praticamente não há necessidade hoje de entrar numa discussão sobre a inflação comparativamente baixa e inofensiva que, num ambiente de padrão-ouro, pode ser provocada por um grande aumento na produção de ouro. Os problemas que o mundo deve enfrentar hoje são os da inflação galopante. Tal inflação é sempre o resultado de uma política governamental deliberada. O governo, por um lado, não está preparado para restringir as suas despesas. Por outro lado, não quer equilibrar o seu orçamento com impostos cobrados ou com empréstimos tomados junto ao público. Assim, o governo escolhe a inflação porque a considera um mal menor. O governo continua a expandir o crédito e a aumentar a quantidade de dinheiro em circulação porque não vê quais devem ser as consequências inevitáveis de tal política. Não há motivo para ficarmos alarmados demais com o grau em que a inflação já atingiu neste país. Embora tenha ido muito longe e causado muitos danos, certamente não criou um desastre irreparável. Não há dúvida de que os Estados Unidos ainda são livres para alterar os seus métodos de financiamento governamental e de voltar a uma política monetária sólida[40].

O perigo real consiste não naquilo que já aconteceu, mas nas doutrinas espúrias que deram origem a tais acontecimentos. A superstição de que é possível ao governo evitar as consequências inexoráveis da inflação através do controle dos preços é o principal perigo. Pois esta doutrina desvia a atenção do público do cerne do problema. Enquanto as autoridades estão empenhadas numa luta inútil contra os fenômenos que acompanham a expansão do crédito, apenas poucas pessoas atacam a fonte do mal, os métodos do Tesouro para financiar as enormes despesas do governo. Enquanto as agências ganham manchetes com as suas atividades, as estatísticas quanto ao aumento da quantidade de moeda do país são relegadas a um lugar discreto nas páginas financeiras dos jornais.

---

40. No original: *a sound money policy*. (N. T.)

Aqui novamente o exemplo da Alemanha pode constituir um alerta. A inflação galopante alemã que reduziu em 1923 o poder de compra do marco a um bilionésimo do seu valor antes da guerra não foi um ato divino. Teria sido possível equilibrar o orçamento da Alemanha do pós-guerra sem recorrer à impressora do Reichsbank. A prova disto é que o orçamento do Reich foi facilmente equilibrado assim que o colapso do antigo Reichsbank forçou o governo a abandonar sua política inflacionária. Mas antes de isto acontecer, todos os aspirantes a especialistas alemães teimaram em negar que o aumento dos preços das matérias-primas, dos salários e das taxas de câmbio tivesse alguma relação com o método de gastos imprudentes do governo. Aos olhos daqueles especialistas, apenas a especulação era a culpada. Eles defendiam a aplicação rigorosa do controle de preços como panaceia e chamavam de "deflacionistas" aqueles que recomendavam uma mudança nos métodos pelos quais o governo buscava se financiar.

Os nacionalistas alemães foram derrotados nas duas guerras mais terríveis da história. Mas as falácias econômicas que levaram a Alemanha a cometer suas agressões nefastas infelizmente sobrevivem. Os erros monetários desenvolvidos por professores alemães como Lexis e Knapp e postos em prática por Havenstein, o presidente do Reichsbank nos anos críticos da grande inflação alemã, são hoje a doutrina oficial da França e de muitos outros países europeus. Não há necessidade de os Estados Unidos importarem estes absurdos.

# CAPÍTULO 6
# Aspectos econômicos do problema das pensões[41]

Os próprios trabalhadores pagam o custo das suas aposentadorias/pensões

Sempre que uma lei ou pressão sindical sobrecarrega os empregadores com uma despesa adicional em benefício dos empregados, as pessoas falam de "ganhos sociais". A ideia implícita é que tais benefícios conferem aos empregados uma vantagem que vai além dos salários ou rendimentos que lhes são pagos e que, portanto, os trabalhadores estariam recebendo uma subvenção que teriam perdido caso a lei ou a cláusula no contrato em questão não existisse. Supõe-se que os trabalhadores estão recebendo algo em troca de nada.

---

41. Publicado originalmente em The Commercial and Financial Chronicle, 23 fev. 1950. (BBG)

Esta visão é totalmente falaciosa. O que o empregador considera ao pensar sobre a contratação de trabalhadores adicionais ou ao dispensar alguns dos que já estão ao seu serviço é sempre o valor dos serviços já prestados ou a prestar. O empregador se pergunta: quanto o emprego do indivíduo em questão acrescenta à produção? Será razoável esperar que as despesas advindas do seu emprego sejam pelo menos recuperadas pela venda do produto adicional produzido pelo seu emprego? Se a resposta à segunda questão for negativa, o emprego do homem causará prejuízo para o empregador. Como nenhuma empresa pode, a longo prazo, operar com prejuízos contínuos, o indivíduo do qual estamos tratando será despedido ou, noutro cenário, não será nem mesmo contratado.

Ao recorrer a este cálculo de custo-benefício, o empregador considera não só o salário líquido que será pago ao indivíduo, mas todos os custos de empregá-lo. Se, por exemplo, o governo – como é o caso em alguns países europeus – cobra um percentual da folha de pagamento total de cada empresa como um imposto que a empresa está estritamente proibida de deduzir dos salários pagos aos trabalhadores, o montante que entra no cálculo é o salário pago ao trabalhador mais a cota do imposto. Se o empregador for obrigado a pagar pensões, o montante inscrito no cálculo é: os salários pagos mais um subsídio de pensão, calculado segundo métodos atuariais.

A consequência deste estado de coisas é que a incidência de todos os alegados "ganhos sociais" recai sobre o assalariado. O seu efeito não difere do efeito de qualquer tipo de aumento dos salários.

Num mercado de trabalho livre, os salários tendem a atingir um nível em que todos os empregadores dispostos a pagar tais salários poderão encontrar todos os homens de que necessitam e todos os trabalhadores dispostos a trabalhar por este mesmo salário podem encontrar emprego. Num ambiente como esse prevalece uma tendência ao pleno emprego. Mas assim que as leis ou os sindicatos fixam os salários a um nível mais elevado do que ocorreria no mercado livre, tal tendência desaparece. Neste cenário, trabalhadores são despedidos e há pessoas buscando emprego sem conseguir encontrar. A razão para este estado de coisas é que, com os salários aumentados artificialmente, apenas o emprego de um número menor de trabalhadores é economicamente viável para o empregador. Embora num mercado de trabalho sem entraves o desemprego seja apenas transitório, ele se torna permanente quando os governos ou os sindicatos conseguem aumentar os salários acima do nível que teriam no mercado livre. Até mesmo Lord Beveridge, há cerca de vinte anos, admitiu que altos níveis de desemprego por um longo período é em si a prova de que o preço pedido pelo trabalho como salário está alto demais para as condições do mercado. E Lord Keynes, aquele que inaugurou a chamada "política de pleno emprego", reconheceu implicitamente que a tese está correta. A sua principal razão para defender a inflação como um meio de acabar com o desemprego era que ele acreditava que a redução gradual e automática dos salários *reais* como resultado do aumento dos preços não teria resistência tão feroz dos trabalhadores quanto qualquer tentativa de baixar os salários nominais.

O que impede o governo e os sindicatos de aumentarem os salários para um nível ainda mais alto do que já conseguem é a sua relutância em excluir do mercado de trabalho um número grande demais de pessoas. O que os trabalhadores recebem como pensões a serem pagas pela empresa empregadora reduz o total de salários que os sindicatos podem exigir sem aumentar o desemprego. Os sindicatos, ao pedirem pensões que a empresa deve pagar sem qualquer contribuição por parte dos beneficiários, fizeram uma escolha. Eles preferiram as pensões a um aumento nos salários líquidos. Economicamente não faz qualquer diferença se os trabalhadores contribuem ou não para o fundo a partir do qual as pensões serão pagas. É irrelevante para o empregador se o custo de empregar trabalhadores é acrescido por um aumento nos salários líquidos ou pela obrigação de fornecer pensões. Para o trabalhador, por outro lado, as pensões não são uma dádiva gratuita por parte do empregador. Os direitos de pensão que eles adquirem restringem o os salários que poderiam receber sem evocar o fantasma do desemprego. Corretamente calculado, o rendimento de um assalariado com direito a uma pensão consiste no seu salário mais o montante do prêmio que teria de pagar a uma companhia de seguros pela aquisição de uma pensão equivalente. Em última análise, a concessão de pensões equivale a uma restrição à liberdade do assalariado de usar o seu rendimento total de acordo com sua vontade. Ele é forçado a reduzir seu consumo atual para poder sustentar sua velhice. Podemos deixar de lado a questão de saber se tal restrição da liberdade do trabalhador individual é conveniente ou não. O que é importante enfatizar é apenas que as pensões não são uma dádiva oferecida pelo empregador. Trata-se de um aumento salarial disfarçado e de caráter peculiar. O empregado é obrigado a utilizar o aumento para adquirir uma pensão.

## O mesmo governo que oferece pensões reduz seu poder de compra

É óbvio que a pensão que cada indivíduo terá direito no futuro só pode ser fixada em termos monetários. Portanto, o valor destas reivindicações está inextricavelmente ligado às vicissitudes da unidade monetária americana, o dólar.

O atual governo federal está ansioso por conceber diversos regimes de pensões por idade e invalidez. Pretende-se aumentar o número de pessoas incluídas no sistema de segurança social do governo e aumentar os benefícios deste sistema. O governo apoia abertamente as reivindicações dos sindicatos para que as pensões sejam concedidas pelas empresas sem que haja contribuição por parte dos beneficiários. Mas, ao mesmo tempo, a mesma administração federal está firmemente empenhada numa política que irá reduzir cada vez mais o poder de compra do dólar. O governo adotou o desequilíbrio nas contas públicas e os gastos deficitários como o primeiro princípio das finanças públicas, como um novo modo de vida. Embora finja hipocritamente combater a inflação, o governo promoveu a expansão ilimitada do crédito e aumentou, de maneira imprudente, a quantidade de dinheiro em circulação à dignidade de um postulado essencial de governo popular e de democracia econômica.

Que ninguém se deixe enganar pela desculpa esfarrapada de que a intenção não é ter déficits permanentes, mas que as contas públicas, durante um período de vários anos, serão equilibradas, substituindo um equilíbrio anual. De acordo com esta doutrina, em anos de prosperidade, os excedentes orçamentais devem ser acumulados, e deverão ser equilibrados com os déficits incorridos em anos de depressão. Mas o que deve ser considerado um bom negócio e o que é um mau negócio fica à decisão do partido no poder. O próprio governo federal declarou que o ano fiscal de 1949 foi, apesar de uma recessão moderada perto do seu fim, um ano de prosperidade. Mas o mesmo governo não acumulou superávit neste ano de prosperidade; produziu um déficit considerável. Lembremo-nos de como os democratas, na campanha eleitoral de 1932, criticaram o governo Hoover pelos seus problemas financeiros. Mas assim que assumiram o poder, inauguraram os seus notórios esquemas de estímulo, gastos deficitários e assim por diante.

O que a doutrina do equilíbrio orçamentário durante um período de muitos anos realmente significa é o seguinte: enquanto o nosso próprio partido estiver no poder, aumentaremos a nossa popularidade através de gastos imprudentes. Não queremos incomodar os nossos amigos cortando despesas. Queremos que os eleitores se sintam felizes sob a prosperidade artificial de curta duração gerada pela política de dinheiro fácil e por um crescimento na oferta de dinheiro. Mais tarde, quando os nossos adversários estiverem no poder, aparecerá a consequência inevitável da nossa política expansionista, a saber, a depressão. Então iremos culpá-los pela catástrofe e acusá-los de não conseguirem equilibrar adequadamente o orçamento.

É muito improvável que a prática déficit governamental seja abandonada num futuro não muito distante. Como política fiscal, ela é muito conveniente para governos incapazes. Ela é defendida com fervor por inúmeros pseudoeconomistas. É elogiada nas universidades como a maneira mais benéfica de métodos "pouco ortodoxos", realmente "progressistas" e "antifascistas" de finanças públicas. Seria necessária uma mudança radical de ideologia para restaurar o prestígio de políticas fiscais sólidas, hoje consideradas "ortodoxas" e "reacionárias". É pouco provável que a derrubada de uma doutrina quase universalmente aceita ocorra enquanto a geração atual de professores e políticos não tiver morrido. Este autor, que durante mais de quarenta anos lutou intransigentemente contra todas as variedades de expansão do crédito e de inflação, é forçado, tristemente, a admitir que as perspectivas de um rápido regresso a uma gestão sã dos assuntos monetários são muito escassas. Uma avaliação realista do estado da opinião pública, das doutrinas ensinadas nas universidades e da mentalidade dos políticos e dos grupos de pressão deve nos mostrar que as tendências inflacionistas prevalecerão durante muitos anos.

O resultado inevitável das políticas inflacionárias é uma queda no poder de compra da unidade monetária. Compare o dólar de 1950 com o dólar de 1940. Compare o dinheiro de qualquer país europeu ou americano com o seu equivalente nominal de uma dúzia ou duas décadas atrás. Dado que uma política inflacionista só funciona enquanto os incrementos anuais na quantidade de dinheiro em circulação aumentarem cada vez mais, o aumento dos preços e dos salários e a correspondente queda no poder de compra prosseguirão a um ritmo acelerado. A experiência do franco francês pode nos dar uma imagem aproximada do dólar daqui a trinta ou quarenta anos.

Porém são esses períodos que contam para os planos de pensões. Os trabalhadores do presente da United States Steel Corporation receberão as suas pensões dentro de vinte, trinta ou quarenta anos. Hoje, uma pensão de cem dólares por mês significa um subsídio bastante substancial. O que isso significará em 1980 ou 1990? Hoje, como demonstrou o Comissário do Bem-Estar da Cidade de Nova York[42], 52 centavos de dólar podem comprar todos os alimentos de que uma pessoa necessita para satisfazer as necessidades diárias

---

42. No original: Welfare Commissioner of the City of New York. (N. T.)

de calorias e proteínas. Quanto dessas necessidades este mesmo dinheiro comprará em 1980?

Essa é a questão. O que os trabalhadores pretendem ao lutar pela segurança social e pelas pensões é, obviamente, a segurança. Mas o seu "ganho social" desaparece com a queda do poder de compra do dólar. Ao se tornarem entusiastas da política fiscal do *Fair Deal*, os próprios membros do sindicato estão dilapidando todos os seus esforços para construir segurança social e as pensões. As pensões às quais um dia eles terão direito serão uma mera farsa.

Não há solução possível para este dilema. Numa sociedade industrial, todos os pagamentos futuros devem ser estipulados em termos monetários. E eles encolhem com a diminuição do poder de compra do dinheiro. Uma política de gastos deficitários mina os próprios alicerces de todas as relações e contratos interpessoais. Frustra todos os tipos de poupanças, segurança social e pensões.

## Gastos governamentais não substituem a acumulação de capital

Como pode ser que os trabalhadores americanos não consigam ver que suas políticas têm objetivos conflitantes?

A resposta é: os trabalhadores estão iludidos pelas falácias da chamada "nova economia". Esta alegada nova filosofia ignora o papel da acumulação de capital. Ela não percebe que só existe um meio de aumentar os salários para todos aqueles que desejam obter emprego e, assim, melhorar o nível de vida, esta maneira é acelerar o aumento do capital em comparação com a população. Esta filosofia fala de progresso tecnológico e de produtividade sem perceber que nenhuma melhoria tecnológica pode ser alcançada se faltar o capital necessário para colocá-la em prática. Justamente no momento em que se tornou óbvio que o obstáculo mais sério a qualquer melhoria econômica adicional está, não apenas nos países atrasados mas também na Inglaterra, na escassez de capital, Lord Keynes, apoiado efusivamente por muitos autores americanos, apresentou a sua doutrina dos males da poupança e da acumulação de capital. Na opinião destes homens, tudo o que é insatisfatório é causado pela incapacidade da empresa privada de lidar com as condições da economia "madura". O remédio que eles recomendam é bastante simples. O Estado deveria preencher a lacuna. Eles assumem de maneira pueril que o Estado tem meios ilimitados à sua disposição. O Estado pode empreender todo projeto que seja grande demais para o capital privado. Simplesmente não há nada que supere o poder financeiro do governo dos Estados Unidos. O projeto Tennessee Valley e o Plano Marshall foram apenas movimentos iniciais modestos. Ainda restam muitos vales na América para novas ações semelhantes. E há muitos rios em outras partes do globo. Há pouco tempo, o senador McMahon desenhou um projeto gigantesco que faz com que o Plano Marshall pareça minúsculo em comparação. Por que não colocá-lo em prática? Se não é necessário ajustar as despesas aos meios disponíveis, não há limite para as despesas do grande deus Estado.

Não é de admirar que o homem comum seja vítima das ilusões que dificultam a visão de estadistas dignos e professores eruditos. Tal como os especialistas que aconselham o presidente, o homem comum negligencia totalmente o principal problema das empresas americanas, a saber, a insuficiência da acumulação de capital novo. Ele sonha com abundância enquanto a escassez o ameaça. Ele interpreta mal os altos lucros reportados pelas empresas. Não percebe que uma parte considerável destes lucros seja ilusória, uma mera consequência aritmética do fato de os montantes reservados para amortização serem insuficientes. Estes lucros ilusórios, um resultado falso da queda do poder de compra do dólar, serão absorvidos pelos já elevados custos de substituição dos equipamentos desgastados das fábricas. A sua simples manutenção não constitui um investimento adicional, é apenas mera manutenção de capital. Há muito menos recursos disponíveis para uma expansão substancial do investimento e para a melhoria dos métodos tecnológicos do que pensa o público mal informado.

## PENSÕES E APOSENTADORIAS DEPENDEM DE CAPITAL E INVESTIMENTO

Olhando cinquenta ou cem anos para trás observamos um progresso constante na capacidade da América de produzir e, portanto, de consumir. Mas é um erro grave presumir que esta tendência irá necessariamente continuar. Este progresso passado ocorreu por conta de um rápido aumento da acumulação de capital.

Se a acumulação de novo capital for freada ou parar totalmente, não poderá haver qualquer possibilidade de melhorias adicionais. Este é o verdadeiro problema que os trabalhadores americanos precisam enfrentar hoje. Os problemas de manutenção de capital e de acumulação de novo capital não dizem respeito apenas aos "administradores". Eles são vitais para o assalariado. Com sua preocupação exclusiva com os salários e as pensões, os sindicatos se vangloriam das suas vitórias de Pirro. Os sindicalistas não percebem que o seu destino está ligado à pujança das empresas dos seus empregadores. Como eleitores, aprovam um sistema tributário que tributa e direciona para despesas correntes os fundos que teriam sido poupados e investidos como novo capital.

O que os trabalhadores precisam aprender é que a única razão pela qual os salários são mais altos nos Estados Unidos do que noutros países é que a proporção *per capita* de capital investido é mais elevada aqui do que noutros lugares. O perigo psicológico de todos os tipos de esquemas de pensões reside no fato de obscurecerem este ponto. Estes esquemas dão aos trabalhadores uma sensação de segurança infundada. Agora, eles pensam, nosso futuro está seguro. Não precisamos mais nos preocupar. Os sindicatos conquistarão para nós cada vez mais ganhos sociais. Uma era de abundância está por vir.

Porém os trabalhadores deveriam estar preocupados com como anda a oferta de capital. Eles deveriam estar preocupados porque a preservação e a melhoria do que é chamado "o modo de vida americano" e "um padrão de vida americano" dependem da manutenção e do contínuo aumento do capital investido nos negócios americanos.

Um homem que é obrigado a prover para si mesmo na velhice deve poupar uma parte dos seus rendimentos atuais ou comprar uma apólice de seguro. Isto leva-o a examinar a situação financeira da companhia de seguros ou a solidez dos títulos que compra. É mais provável que um homem assim tenha uma ideia dos problemas econômicos do seu país do que um homem cujo regime de pensões aparentemente resolve para ele todas as preocupações. O primeiro será incentivado a ler a página financeira de seu jornal e se interessará por artigos que pessoas imprudentes ignoram. Se for suficientemente astuto, descobrirá a falha nos ensinamentos da "nova economia". Mas o homem que confia na pensão estipulada por outros acredita que todas essas questões são "mera teoria" e não o afetam. Ele não se preocupa com as coisas das quais depende seu bem-estar porque ignora a relação de dependência entre elas. Como cidadãos, essas pessoas são um risco. Uma nação não pode prosperar se os seus membros não estiverem plenamente conscientes do fato de que a única coisa que pode melhorar as suas condições é mais e melhor produção. E isto só pode ser conseguido através do aumento da poupança e da acumulação de capital.

# CAPÍTULO 7
# Salários, desemprego e inflação[43]

## Consumidores guiam a produção e determinam preços e salários

O nosso sistema econômico – a economia de mercado ou capitalismo – é um sistema de supremacia dos consumidores. O cliente é soberano; ele está, como diz o ditado popular, "sempre certo". Os empresários precisam produzir o que os consumidores pedem, e devem vender os seus produtos a preços que os consumidores possam pagar e estejam dispostos a pagar. Uma operação comercial é um fracasso se o que for arrecadado com as vendas não for suficiente para reembolsar o empresário por tudo o que ele gastou na produção. Assim, os consumidores, ao comprarem a um preço definido, determinam também o nível dos salários que são pagos a todos os que trabalham nas indústrias.

---

43. Publicado originalmente em Christian Economics, 4 mar. 1958. (BBG)

Como consequência disso, um empregador não pode pagar mais a um empregado do que o equivalente ao valor que o trabalho deste último, de acordo com o julgamento dos compradores, acrescenta à mercadoria. (Essa é a razão pela qual a estrela de cinema ganha muito mais do que a faxineira.) Se o empresário pagasse mais para aquele trabalhador, não cobriria seus gastos com as vendas; ele sofreria prejuízos e, com o passar do tempo, iria falir. Ao pagar salários, o empregador atua como um mandatário dos consumidores, por assim dizer. É sobre os consumidores que recai a responsabilidade do pagamento dos salários. Como a imensa maioria dos bens produzidos é comprada e consumida por pessoas que recebem salários e vencimentos, é óbvio que, ao gastarem estes seus rendimentos, os assalariados e os próprios empregados são os primeiros a determinar o montante da remuneração que eles e aqueles que trabalham como eles vão conseguir receber.

## MELHORES FERRAMENTAS AJUDAM OS TRABALHADORES A PRODUZIR MAIS E GANHAR MAIS

Os compradores não pagam pelo trabalho e pelos problemas que o trabalhador enfrentou, nem pelo tempo que os trabalhadores ficaram trabalhando. Eles pagam pelos produtos. Quanto melhores forem as ferramentas que o trabalhador utiliza no seu trabalho, quanto mais ele é capaz de produzir numa hora, maior é, por consequência, a sua remuneração. O que faz os salários subirem e torna as condições materiais dos assalariados melhores é a melhoria do equipamento tecnológico que os ajuda na produção. Os salários americanos são mais altos do que os salários de outros países porque o capital investido *per capita* do trabalhador americano é maior e as fábricas estão, portanto, em posição de utilizar as ferramentas e máquinas mais eficientes nos Estados Unidos do que no resto do mundo. O que é chamado de modo de vida americano é o resultado do fato de os Estados Unidos terem colocado menos obstáculos no caminho da poupança e da acumulação de capital do que outras nações. O atraso econômico de países como a Índia é explicado precisamente pelo fato de as suas políticas dificultarem tanto a acumulação de capital interno como o investimento proveniente de capital estrangeiro. Como falta o capital necessário, as empresas indianas são impedidas de empregar quantidades suficientes de equipamento moderno, e estão, portanto, produzindo muito menos por homem-hora e só podem pagar salários que, comparados com os salários americanos, parecem ser absurdamente baixos.

Apenas um caminho conduz à melhoria do nível de vida das massas assalariadas, a saber, o aumento da quantidade de capital investido. Todos os outros métodos, por mais populares que sejam, não são apenas fúteis: são, na verdade, prejudiciais ao bem-estar daqueles que majoritariamente pretendem beneficiar.

### AUMENTAR SALÁRIOS ARTIFICIALMENTE CAUSA DESEMPREGO

A questão fundamental é: será possível aumentar os salários para todos aqueles que desejam estar empregados acima do nível que estes salários teriam alcançado num mercado de trabalho livre, sem intervenções?

A opinião pública acredita que a melhoria das condições dos assalariados é uma conquista dos sindicatos e de diversas medidas legislativas. Ela dá ao sindicalismo e à legislação o crédito pelo aumento dos salários, pela redução das horas de trabalho, pelo desaparecimento do trabalho infantil e por muitas outras mudanças. A prevalência desta crença tornou o sindicalismo popular e esta crença é também responsável pela evolução da legislação trabalhista das últimas duas décadas. Como as pessoas pensam que devem ao sindicalismo o seu alto nível de vida, toleram a violência, a coerção e a intimidação por parte dos trabalhadores sindicalizados e são indiferentes às restrições de liberdade individuais inerentes às cláusulas sindicais e de greves. Enquanto estas falácias prevalecerem nas mentes dos eleitores, será inútil esperar um afastamento completo destas políticas que são, erradamente, chamadas de progressistas.

No entanto, esta doutrina popular interpreta mal todos os aspectos da realidade econômica. O nível dos salários no qual todos os que desejam trabalhar podem ser empregados depende da produtividade marginal do trabalho. Quanto mais capital – todo o resto permanecendo constante – for investido, mais altos serão os salários no mercado de trabalho livre, ou seja, no mercado de trabalho não manipulado pelo governo e pelos sindicatos. A estes níveis salariais de mercado, todos aqueles que desejam contratar trabalhadores podem contratar quantos quiserem. Com os salários de mercado, todos aqueles que desejam conseguir emprego são capazes de fazê-lo. Num mercado de trabalho livre prevalece uma tendência para o pleno emprego. Na verdade, a política de deixar o mercado livre determinar os níveis salariais é a única política razoável e bem sucedida de pleno emprego. Se os salários, quer por pressão e compulsão sindical, quer por decreto governamental, forem elevados acima deste nível, cria-se o desemprego prolongado de uma parte da força de trabalho potencial.

## A EXPANSÃO DO CRÉDITO PODE REDUZIR TEMPORARIAMENTE OS SALÁRIOS REAIS E DESENCADEAR UM *BOOM*

As opiniões que expus acima são veementemente rejeitadas pelos dirigentes sindicais e pelos seus seguidores entre os políticos e os autoproclamados intelectuais. A panaceia que recomendam para combater o desemprego é a expansão do crédito e a inflação, eufemisticamente chamada de "uma política de dinheiro fácil"[44].

Como foi salientado, um acréscimo ao estoque de capital previamente acumulado torna possível uma melhoria adicional do equipamento tecnológico das indústrias, aumentando assim a produtividade marginal do trabalho e, consequentemente, também os salários. Mas a expansão do crédito, quer seja efetuada através da impressão de mais dinheiro ou da concessão de mais créditos em contas bancárias, não

---

44. No original: an easy money policy. (N. T.)

acrescenta nada ao conjunto de bens de capital do país. Tais ações apenas criam a ilusão de um aumento na quantidade de fundos disponíveis para uma expansão da produção. Porque podem obter crédito mais barato, as pessoas acreditam erradamente que a riqueza do país aumentou e que, portanto, certos projetos que antes não podiam ser executados são agora viáveis. O começo destes projetos aumenta a demanda por mão de obra e matérias-primas e faz subir os salários e os preços das mercadorias. Um *boom*[45] econômico artificial começa.

Nas condições deste *boom*, os salários nominais que antes da expansão do crédito eram muito elevados para o estado do mercado e, portanto, criavam o desemprego de uma parte da força de trabalho potencial, já não são tão elevados e os desempregados podem voltar a conseguir emprego. Porém, isto só acontece porque, se as condições monetárias e de crédito foram alteradas, os preços estão subindo ou, em outras palavras, o poder de compra da unidade monetária está caindo. Então, a mesma quantidade de dinheiro que era paga em salário nominal, isto é, o salário expresso em moeda corrente, significa agora um menor salário real, isto é, em termos de mercadorias que podem ser compradas pela unidade monetária. A inflação só pode curar o desemprego reduzindo os *salários reais* dos

---

45. O *boom* é a fase de expansão da economia ocorrida em virtude do crescimento artificial do crédito, gerando uma bolha de crescimento na qual as condições econômicas parecem estar melhorando a cada dia. O bust é a fase de estouro da bolha, a depressão. (N. T.)

assalariados. Mas então os sindicatos pedem um novo aumento dos salários para acompanhar o aumento do custo de vida e voltamos ao ponto em que estávamos antes, ou seja, numa situação em que o desemprego em grande escala só pode ser evitado através de uma maior expansão de crédito.

Foi o que aconteceu neste país e em muitos outros países nos últimos anos. Os sindicatos, apoiados pelo governo, forçaram as empresas a concordar com salários que iam além dos salários potenciais do mercado, ou seja, eram maiores do que os salários que o público estava preparado para pagar aos empregadores na compra dos seus produtos. Isto teria inevitavelmente resultado no aumento do número de desempregados. Mas as políticas governamentais tentaram prevenir o aumento do desemprego através da expansão do crédito, ou seja, da inflação. O resultado foi o aumento dos preços, a nova procura por salários mais elevados e, uma vez mais, a expansão do crédito; em suma, inflação prolongada.

## INFLAÇÃO SEM FIM LEVA AO DESASTRE

Mas, finalmente, as autoridades ficam assustadas. Elas sabem que a inflação não pode continuar indefinidamente. Se não pararmos a tempo a política maligna de aumentar a quantidade de dinheiro e meios fiduciários na economia, o sistema monetário da nação entrará em colapso total. O poder de compra da unidade monetária diminui até um ponto que, para todo efeito prático, não é maior que zero. Isto aconteceu repetidamente, neste país com a moeda continental[46] em 1781, na França em 1796, na Alemanha em 1923. Nunca é cedo demais para uma nação perceber que a inflação não pode ser considerada um modo de vida e que é necessário voltar a políticas monetárias sólidas. Ao reconhecer estes fatos o governo federal e as autoridades do Federal Reserve[47] interromperam, há algum tempo, a política de expansão progressiva do crédito.

Não é tarefa deste breve ensaio tratar de todas as consequências geradas pelo fim das medidas inflacionárias. Basta-nos constatar que a volta à estabilidade monetária *não gera* uma crise. Apenas esclarece quais são os maus investimentos[48] e outros erros cometidos sob a alucinação da prosperidade ilusória criada pelas políticas de dinheiro fácil. As pessoas percebem as falhas cometidas e, não mais cegadas pelo espectro do crédito barato, começam a reajustar as suas atividades à situação real da oferta de fatores materiais de produção. É este reajuste – certamente doloroso, mas inevitável – que constitui o *bust*, a depressão.

Uma das características desagradáveis deste processo de abandono dos sonhos pueris e da volta a uma estimativa sóbria da realidade diz respeito ao aumento dos salários. Sob o impacto da política inflacionária

---

46. No original: Continental Currency. (N. T.)
47. Embora seja uma entidade privada, o Federal Reserve é o banco central dos Estados Unidos. (N. T.)
48. Mises usa o termo *malinvestiment*, largamente usado também em Ação Humana. (N. T.)

progressiva, a burocracia sindical habituou-se a pedir, em intervalos regulares, aumentos salariais, e as empresas, após alguma resistência fingida, cederam à tais avanços. Como resultado, os salários estavam muito altos para a situação do mercado e teriam provocado um nível substancial de desemprego. Mas a inflação constante logo alcança estes reajustes. Com isso, os sindicatos pediram novamente novos aumentos, e assim por diante.

Não importa que tipo de justificativa os sindicatos e seus capangas apresentem em favor das suas reivindicações. O efeito inevitável de forçar os empregadores a pagar salários mais altos pelo trabalho realizado do que os salários que os consumidores estão dispostos a restituir-lhes na compra dos produtos é sempre o mesmo: desemprego crescente.

Na atual conjuntura, os sindicatos tentam retomar a velha e cem vezes refutada fábula do poder de compra. Declaram que colocar mais dinheiro nas mãos dos assalariados – aumentando os salários, aumentando os benefícios para os desempregados e iniciando novas obras públicas – permitiria aos trabalhadores gastar mais e, assim, estimular os negócios e tirar a economia da recessão e colocá-la no rumo da prosperidade. Este é o falso argumento pró-inflação para fazer as pessoas felizes através da impressão de notas de papel. É claro que, se a quantidade de meio circulante aumentar, aqueles em cujos bolsos entra a nova riqueza fictícia – sejam eles trabalhadores, agricultores ou qualquer outro tipo de pessoa – aumentarão os seus gastos.

Mas é precisamente este aumento da despesa que provoca inevitavelmente uma tendência geral de subida de todos os preços ou, o que é dito de outra forma, uma queda no poder de compra da unidade monetária. Assim, a ajuda que uma ação inflacionária poderia dar aos assalariados é de curta duração. Para perpetuá-la, seria necessário recorrer repetidamente a novas medidas inflacionárias. É claro que isso leva ao desastre.

## Pressões públicas, políticas e sindicais podem levar o governo à inflação

Há muita bobagem dita sobre essas coisas. Algumas pessoas afirmam que aumentos salariais são "inflacionários". Mas eles não são em si inflacionários. Nada é inflacionário exceto a inflação, ou seja, o aumento da quantidade de dinheiro em circulação e de crédito bancário com liquidez. E nas condições atuais ninguém, a não ser o governo, pode provocar inflação. O que os sindicatos podem gerar ao forçar os empregadores a aceitarem salários mais altos do que aqueles que ocorreriam num mercado livre não é inflação, nem mesmo os preços mais elevados das matérias-primas, mas sim o desemprego de uma parte da população que está querendo conseguir emprego. A inflação é uma política à qual o governo recorre para evitar o desemprego em grande escala que o aumento dos salários dos sindicatos provocaria de outra forma.

O dilema que este país – e não menos muitos outros países – tem de enfrentar é muito sério. O método muitíssimo popular de aumentar salários para um nível acima do que ocorreria no livre mercado produziria um catastrófico desemprego em massa se a expansão inflacionária não o salvasse. Mas a inflação não tem apenas efeitos sociais muito danosos. Ela não pode continuar indefinidamente sem resultar no colapso completo de todo o sistema monetário.

A opinião pública, totalmente sob influência das falaciosas doutrinas sindicais, simpatiza mais ou menos com a exigência dos líderes sindicais no que se refere a um aumento considerável dos salários. Nas condições atuais, os sindicatos têm o poder de fazer com que os empregadores se submetam aos seus ditames. Podem convocar greves e, sem serem restringidos pelas autoridades, podem recorrer impunemente à violência contra aqueles que desejam trabalhar. Os sindicalistas estão conscientes do fato de que o aumento dos salários aumentará a quantidade de desempregados. As únicas soluções que sugerem são o aumento do acesso ao seguro-desemprego e uma oferta de crédito mais ampla, ou seja, a inflação. O governo, cedendo a uma opinião pública equivocada e preocupado com o resultado da próxima eleição, infelizmente já começou a reverter as suas tentativas de voltar a uma política monetária sólida. Assim, estamos novamente comprometidos com métodos danosos de interferir na oferta de dinheiro. Seguimos com a inflação que, rapidamente, faz encolher o poder de compra do dólar. Onde isso vai acabar? Esta é a pergunta que o Sr. Reuther e todos os demais nunca fazem.

Só uma brutal ignorância pode fazer alguém nomear as políticas adotadas pelos autoproclamados progressistas de políticas "pró-trabalho". O assalariado, como qualquer outro cidadão, tem total interesse na preservação do poder de compra do dólar. Se, graças ao seu sindicato, caso seus rendimentos semanais sejam aumentados acima da taxa de mercado, ele deverá descobrir muito em breve que a subida dos preços não só o priva das vantagens que esperava, mas, além disso, faz diminuir o valor das suas poupanças, da sua apólice de seguro e dos seus direitos de pensão. E, pior ainda, poderá perder o emprego e não encontrar outro.

Todos os partidos políticos e grupos de pressão dizem se opor à inflação. Mas o que eles realmente querem dizer é que não gostam das consequências inevitáveis da inflação, ou seja, o aumento do custo de vida. Na verdade, eles favorecem todas as políticas que necessariamente provocam um aumento na quantidade do dinheiro. Eles pedem não só uma política monetária frouxa[49] para tornar possível o interminável aumento salarial demandado pelos sindicatos, mas também pedem por mais gastos governamentais e – ao mesmo tempo – uma redução de impostos através do aumento das isenções.

Enganadas pelo falso conceito marxista de conflitos irreconciliáveis entre os interesses das classes sociais, as pessoas assumem que somente os interesses da classe dos empresários se opõem à exigência dos

---

49. No original: [A]n easy money policy. (N. T.)

sindicatos por salários mais altos. Na verdade, os assalariados são tão interessados num retorno a uma moeda sólida como qualquer outro grupo ou classe. Muito tem-se dito nos últimos meses sobre os danos que agentes inescrupulosos infligiram aos sindicalizados. Mas a destruição causada aos trabalhadores pelo aumento excessivo dos salários dos sindicatos é muito mais prejudicial.

Seria um exagero afirmar que as táticas dos sindicatos são a única ameaça à estabilidade monetária e a uma política econômica razoável. Os assalariados organizados não são o único grupo de pressão cujas reivindicações ameaçam hoje a estabilidade do nosso sistema monetário. Mas eles são os mais poderosos e influentes destes grupos, e a responsabilidade principal sobre o que ocorre com a política monetária cabe a eles.

## O BEM-ESTAR DEPENDE DA POUPANÇA E DA FORMAÇÃO DE CAPITAL

O capitalismo melhorou o padrão de vida dos assalariados de maneira nunca antes vista. A família americana média desfruta hoje de comodidades com as quais, há apenas cem anos, nem mesmo os mais ricos poderiam sonhar. Todo este bem-estar está condicionado ao aumento da poupança e do capital acumulado; sem estes fundos que permitem às empresas fazer uso prático do progresso científico e tecnológico, o trabalhador americano não produziria mais e melhores coisas por hora de trabalho do que seus pares asiáticos, não ganharia mais e, como seus contrapartes do outro lado do mundo, viveria miseravelmente à beira da inanição. Todas as medidas que visam impedir uma maior acumulação de capital ou mesmo a desacumulação de capital – como o nosso sistema que tributa renda de indivíduos e empresas – são, portanto, virtualmente antitrabalhadores e antissociais.

Uma observação adicional ainda deve ser feita sobre a questão da poupança e da formação de capital. A melhoria do bem-estar provocada pelo capitalismo tornou possível ao homem comum poupar e, assim, tornar-se ele próprio, de uma forma modesta, um capitalista. Uma parte considerável do capital empregado nos negócios americanos é a contrapartida das poupanças das massas de trabalhadores. Milhões de assalariados possuem poupanças, títulos e apólices de seguro. Todas estes instrumentos são pagáveis em dólares e o seu valor depende de quão sólido é o dinheiro da nação. Preservar o poder de compra do dólar é também, deste ponto de vista, um interesse vital das massas. Para atingir este fim, não basta imprimir nas notas de dólar a nobre máxima *"In God We Trust"*[50]. É preciso adotar políticas públicas apropriadas.

---

50. A inscrição, que pode ser traduzida como "Confiamos em Deus", estava nas notas de dólar americano à época que Mises escreveu esse ensaio. (N. T.)

# CAPÍTULO 8
# O problema do ouro[51]

Por que ter um sistema monetário baseado no ouro? Porque, nas condições atuais e para o que podemos antever hoje, o padrão-ouro por si só torna a determinação do poder de compra do dinheiro independente das ambições e manipulações de governos, ditadores, partidos políticos e grupos de pressão. O padrão-ouro por si só é o que os líderes amantes da liberdade do século XIX (que defendiam o governo representativo, liberdades civis e prosperidade para todos) chamavam de "moeda sonante".

A eminência e a utilidade do padrão-ouro consiste no fato de ele fazer com que a oferta de dinheiro dependa da rentabilidade da mineração de ouro e este mecanismo ajuda a controlar as aventuras inflacionárias de grande escala tentadas pelos governos.

---

51. Publicado originalmente em The Freeman, junho de 1965. Republicado com permissão da Foundation for Economic Education. (BBG)

O padrão ouro não falhou. Os governos sabotaram-no de maneira deliberada e continuam a sabotá-lo. Mas nenhum governo é suficientemente poderoso para destruir o padrão-ouro enquanto a economia de mercado não for totalmente destruída pelo estabelecimento do socialismo em todas as partes do mundo.

Os governos acreditam que é culpa exclusiva do padrão-ouro que os seus esquemas inflacionários não só não consigam produzir os benefícios esperados, mas que estes mesmos esquemas inevitavelmente criem condições que (também aos olhos dos próprios governantes e da maioria do povo) são consideradas piores do que os males, supostos ou reais, os quais eles foram pensados para eliminar. Com exceção feita ao padrão-ouro, os governantes são informados pelos pseudoeconomistas que poderiam trazer prosperidade para todos. Vamos testar as três doutrinas que suportam esta fábula da onipotência governamental.

## A FICÇÃO DA ONIPOTÊNCIA DO GOVERNO

"O Estado é Deus", disse Ferdinand Lassalle, o fundador do movimento socialista alemão. Como tal, o Estado tem o poder de "criar" quantidades ilimitadas de dinheiro e, assim, fazer todo mundo feliz. Pessoas intrépidas e lúcidas dão à política de "criação" de dinheiro o nome de inflação. Hoje em dia, a terminologia oficial chama esta política de "déficit público"[52].

---

52. No original: *Deficit spending*. (N. T.)

Mas qualquer que seja a nomenclatura usada para se referir a este fenômeno, seu significado é óbvio. O governo aumenta a quantidade de dinheiro em circulação. Então, uma maior quantidade de dinheiro "persegue" (como diz uma forma bastante boba, ainda que popular de falar sobre estes problemas) uma quantidade de bens e serviços que não foi aumentada. A ação do governo não aumentou em nada a quantidade disponível de bens e serviços úteis para a população, apenas fez aumentar os preços pagos pelos previamente existentes bens e serviços.

Se o governo pretender aumentar o rendimento de algumas pessoas, por exemplo, dos funcionários públicos, ele precisa confiscar, através de impostos, uma parte dos rendimentos de outras pessoas e depois distribuir o montante arrecadado aos seus funcionários ou aos grupos que serão beneficiados. Então, os contribuintes são forçados a restringir as suas despesas, enquanto os beneficiários de salários ou benefícios mais elevados aumentam as suas despesas para o mesmo montante. Não resulta uma mudança visível no poder de compra da unidade monetária.

Mas se o governo consegue o dinheiro que deseja para o pagamento de maiores salários imprimindo-o ou aumentando a concessão de créditos, o novo dinheiro nas mãos destes beneficiários torna-se no mercado uma demanda adicional para a quantidade não aumentada de bens e serviços sendo oferecidos para venda. O resultado inevitável é uma tendência geral de subida dos preços.

Quaisquer tentativas dos governos e dos seus gabinetes de propaganda para ocultar esta concatenação de acontecimentos são vãs. Déficit público significa aumentar a quantidade de dinheiro em circulação. Que a terminologia oficial evite chamar o que acontece de inflação de nada adianta.

O governo e os seus líderes não têm os poderes do mitológico Papai Noel. Eles não podem gastar, exceto tirando do bolso de algumas pessoas em benefício de outras.

## A FALÁCIA DO "DINHEIRO BARATO"

Os juros são a diferença na valoração dos bens presentes e dos bens futuros; são o desconto na valoração do mesmo bem no presente quando comparado ao futuro. Os juros não podem ser "abolidos" enquanto as pessoas preferirem uma maçã disponível hoje a uma maçã disponível apenas daqui a um ano, daqui a dez anos ou daqui a cem anos.

A altura da taxa de juros originária[53], que é a principal componente da taxa de juros de mercado e que é determinada no mercado de empréstimos, reflete a diferença na avaliação que as pessoas fazem da satisfação das necessidades presentes e futuras. O desaparecimento dos juros, isto é, uma taxa de juros igual a zero, significaria que as pessoas não se importam nem um pouco em satisfazer qualquer uma

---

53. Ver "Juro Originário" em *Ação Humana*. São Paulo: LVM Editora, 4ª ed. 2023. (N. T.)

das suas necessidades presentes e estão *exclusivamente* preocupadas em satisfazer as suas necessidades futuras, as necessidades dos seus próximos anos, décadas e séculos. As pessoas apenas poupariam e investiriam e não haveria consumo.

Por outro lado, se as pessoas parassem de poupar, isto é, de fazer qualquer provisão para o futuro, mesmo que seja o futuro a chegar amanhã, e não poupassem absolutamente nada e consumissem todos os bens de capital acumulados pelas gerações anteriores, a taxa de juros subiriam além de qualquer limite.

É, portanto, óbvio que as taxas mais altas de juros no mercado, em última análise, não dependem dos caprichos, das fantasias e dos interesses financeiros daqueles indivíduos responsáveis por operar a máquina governamental de coerção e compulsão, o tão referido "setor público" da economia. Mas o governo tem o poder de pressionar o Federal Reserve System[54], e os bancos sujeitos a este sistema, para que adotem uma política de dinheiro barato, o que faz com que os bancos comecem a expandir o crédito. Esta ação dos bancos irá forçar a taxa de empréstimos para baixo, subestimando a taxa de juros estabelecida no mercado de empréstimos não manipulados. Estes bancos oferecem crédito criado do nada e, assim, estão inevitavelmente falsificando a estimativa dos empresários sobre as condições de mercado. Embora a oferta de bens de capital (que só pode ser aumentada

---

54. O FED ou Banco Central Americano. (N. T.)

através de poupança adicional) tenha permanecido inalterada, essa ação bancária provoca a ilusão de uma oferta de capital maior do que a realmente existente. As empresas são induzidas a embarcar em projetos que um cálculo sóbrio, não ludibriado pelas políticas de dinheiro barato, teria revelado como maus investimentos (um sobreinvestimento em capital). As quantidades adicionais de crédito que inundam o mercado fazem disparar os preços e os salários. Desenvolve-se uma pujança econômica, um *boom* artificial, um *boom* construído inteiramente sobre a ilusão de dinheiro fácil e amplamente disponível. Mas tal *boom* não pode durar. Mais cedo ou mais tarde deverá ficar claro que, sob as ilusões criadas pela expansão do crédito, as empresas embarcaram em projetos para cuja execução o total de poupança de fato existente não é suficiente. Quando este mau investimento se torna visível, o *boom* entra em colapso.

A depressão que se segue é o processo de liquidação e correção dos erros cometidos durante o período de excesso do *boom* artificial; é o regresso a um raciocínio calmo e a uma condução razoável dos negócios dentro dos limites da oferta disponível de bens de capital. É um processo doloroso, mas é um processo de restauração da saúde das empresas.

A expansão do crédito não é uma panaceia para deixar as pessoas felizes. O *boom* que ela gera deve inevitavelmente levar ao desastre e à infelicidade. Se fosse realmente possível substituir a acumulação de poupança que ajuda a criar bens de capital pela simples expansão do crédito (pela criação de dinheiro barato), não haveria pobreza no mundo. As nações economicamente atrasadas não teriam de se queixar da insuficiência do seu estoque de capital. Tudo o que teriam de fazer para melhorar as suas condições seria expandir cada vez mais o dinheiro e o crédito. Não teria surgido nenhum organismo de "ajuda internacional". Mas ao conceder este tipo de ajuda externa às nações atrasadas, o governo americano reconhece implicitamente que a expansão do crédito não é um substituto real para a verdadeira acumulação de capital através da poupança.

## O FRACASSO DA LEGISLAÇÃO SOBRE SALÁRIO MÍNIMO E DA COERÇÃO SINDICAL

O nível salarial é determinado pela avaliação que os consumidores fazem do valor que o trabalho do trabalhador acrescenta ao valor daquilo que fica disponível para venda. Como a imensa maioria dos consumidores são eles próprios ganhadores de ordenados e vencimentos, isso significa que a determinação da remuneração pelo trabalho e serviços prestados é feita pelo mesmo tipo de pessoas que recebem esses salários e vencimentos. Os altos ordenados da estrela de cinema e do campeão de boxe são fornecidos pelos soldadores, varredores de rua e faxineiras que assistem às performances artísticas e às lutas.

Um empreendedor que tentasse pagar a um trabalhador menos do que o valor que o trabalho deste homem acrescenta ao valor do produto seria excluído do mercado de compradores de trabalho pela concorrência de outros empreendedores ansiosos por ganhar dinheiro. Por outro lado, nenhum empresário pode pagar mais aos seus trabalhadores do que o montante que os consumidores estão dispostos a pagar a ele na compra do produto. Se ele pagasse salários mais altos, sofreria prejuízos e seria expelido do mercado de empresários.

Os governos que estipulam leis de salário-mínimo acima do nível que estes salários teriam no mercado livre restringem o número de trabalhadores que podem encontrar emprego. Tais governos estão gerando desemprego de uma parte da força de trabalho. O mesmo se aplica ao que é eufemisticamente chamado de "negociação coletiva"[55].

A única diferença entre estes dois métodos diz respeito ao aparato que exige e impõe o salário-mínimo. O governo faz cumprir as suas ordens recorrendo a polícias e guardas de cadeias. Os sindicatos fazem greves e piquetes. Eles e os seus membros e líderes adquiriram o poder e o direito de cometer injustiças contra pessoas e propriedades, de privar os indivíduos dos meios de ganhar a vida e de cometer muitos outros atos que ninguém mais pode praticar de forma impune[56]. Hoje ninguém está em posição de desobedecer a uma ordem emitida por um sindicato. Aos empregadores não resta

---

55. No original: *collective bargaining*. (N. T.)
56. Ver POUND, Roscoe. *Legal Immunities of Labor Unions*. Washington, 1957, p. 21.

outra escolha senão ceder às exigências dos sindicatos ou fechar as portas.

Porém, tanto governos quanto sindicatos são impotentes contra a lei econômica. A violência pode impedir os empregadores de contratar pessoas pagando os salários que seriam encontrados num mercado livre, mas não pode forçar os empreendedores a empregar todos aqueles que estão ansiosamente buscando emprego. O resultado da interferência dos governos e dos sindicatos para aumentar os salários não pode ser outra coisa senão um aumento crescente do número de desempregados.

É exatamente para evitar este resultado que os sistemas bancários manipulados pelo governo de todas as nações ocidentais têm recorrido à inflação. Aumentando a quantidade de dinheiro em circulação e diminuindo assim o poder de compra da unidade monetária, os governos estão reduzindo as superdimensionadas folhas de pagamento a um nível condizente com o atual estado do mercado. Isto é hoje chamado de política keynesiana de pleno emprego. Na verdade, é um método para perpetuar, através da inflação contínua, as fúteis tentativas dos governos e dos sindicatos de interferir nas condições do mercado de trabalho. Assim que o progresso da inflação ajustou os salários de modo a evitar uma propagação do desemprego, o governo e os sindicatos retomam, com cuidado renovado, os seus esforços para aumentar os salários acima do nível em que todos os que estão à procura de emprego são capazes de encontrar um.

A experiência desta era do New Deal, do Fair Deal, da Nova Fronteira e da Grande Sociedade confirma a tese fundamental dos verdadeiros amantes britânicos da liberdade política no século XIX, nomeadamente, que só existe um meio de melhorar as condições materiais de todos os assalariados, ou seja, aumentar a proporção *per capita* de capital real investido. Este resultado só pode ser alcançado através de poupança adicional e acumulação de capital, nunca através de decretos governamentais, violência e intimidação sindical e inflação. Os inimigos do padrão-ouro também estão errados neste aspecto.

### A CONSEQUÊNCIA INEVITÁVEL, ISTO É, AS RESERVAS DE OURO DO GOVERNO DOS ESTADOS UNIDOS DIMINUIRÃO

Em muitas partes do mundo, cada vez mais pessoas compreendem que os Estados Unidos e a maioria das outras nações estão firmemente empenhados numa política de inflação contínua. Estas pessoas aprenderam o suficiente com a experiência das últimas décadas para concluir que, devido a estas políticas inflacionárias, um grama de ouro um dia se tornará mais caro em termos tanto da moeda dos Estados Unidos como da moeda do seu próprio país. Elas estão preocupadas com isso e gostariam de evitar serem vítimas deste resultado.

Os americanos estão proibidos de possuir moedas e lingotes de ouro[57]. Suas tentativas de proteger seus

---

57. Em 1933, foi negado aos cidadãos dos EUA o direito de possuir moedas e lingotes de ouro. Eles recuperaram esse direito em janeiro de 1976. (BBG)

ativos financeiros consistem nos métodos que os alemães, na inflação mais espetacular já vista na história, chamaram de *Flucht in die Sachwerte* [fuga para valores reais]. Eles estão investindo em ações de empresas e imóveis e preferem ter dívidas pagáveis em dinheiro fiduciário de curso legal em vez de manter créditos pagáveis neste tipo de moeda.

Mesmo nos países onde as pessoas são livres para comprar ouro, até agora não existem compras de ouro por parte de indivíduos e instituições financeiramente potentes que tenham chamado a atenção. Até ao ponto no qual as agências francesas começaram a comprar ouro, os compradores de ouro eram na sua maioria pessoas com rendimentos modestos, que estavam buscando manter algumas moedas de ouro como reserva para os dias mais difíceis. Foram as compras através do mercado de ouro de Londres por parte dessas pessoas que reduziram as reservas de ouro dos Estados Unidos.

Só existe um método disponível para evitar uma maior redução da reserva de ouro americana, e este consiste no abandono radical do déficit público, bem como de qualquer tipo de política de "dinheiro fácil".

Nenhum conjunto de autores, por mais brilhantes e sofisticados que sejam, pode alterar as perenes leis econômicas. Elas são, trabalham e cuidam de si mesmas.

***Lord Keynes e a Lei de Say***

A tirania é o corolário político do socialismo, assim como o governo representativo é o corolário político da economia de mercado.

***A liberdade e sua antítese***

# MISES:
# CRÍTICO DO INFLACIONISMO E DO SOCIALISMO

# CAPÍTULO 9
# Benjamin M. Anderson desafia a filosofia dos pseudo-progressistas[58]

As duas linhas de pensamento e políticas marxistas[59]

Em todos os países que não adotaram abertamente uma política de socialização total e completa, a condução dos assuntos governamentais tem estado durante muitas décadas nas mãos de estadistas e partidos que se autodenominam "progressistas", e que intitulam seus oponentes de "reacionários". Às vezes (mas nem sempre) estes progressistas ficam muito irritados quando alguém os chama de marxistas. Neste protesto eles têm razão, na

---

58. Publicado originalmente em Plain Talk, fevereiro de 1950. Republicado com a permissão da Foundation for Economic Education. (BBG)
59. Neste texto Mises usa a palavra "Marxian", que seria melhor traduzida como "marxiano" ao invés da mais comum "Marxist" (traduzida normalmente como "marxista"). Embora alguns autores façam distinção semântica entre as duas palavras, dado que Mises não usa o termo "Marxist" no texto optei por traduzir o termo "Marxiam" pelo mais usual em português, "marxista". (N. T.)

medida em que seus princípios e políticas são contrários a algumas das doutrinas marxistas e à sua aplicação à ação política. Mas estão errados na medida em que endossam de maneira acrítica os dogmas fundamentais do credo marxista e agem em conformidade com tais dogmas. Ao mesmo tempo que questionam as ideias de Marx, o maior defensor da revolução integral, eles subscrevem a revolução fragmentada.

Existem nos escritos de Marx dois conjuntos distintos de teoremas incompatíveis entre si: a linha da revolução integral, tal como defendida nos primeiros tempos por Kautsky e mais tarde por Lenin, e a linha "reformista", que advoga uma revolução a acontecer parceladamente, tal como defendida por Sombart na Alemanha e pelos fabianos na Inglaterra.

Em comum para as duas linhas de pensamento é a condenação incondicional do capitalismo e da sua "superestrutura" política, o governo representativo. O capitalismo é descrito como um terrível sistema de exploração. Neste sistema, a riqueza é acumulada através de uma diminuição constante da quantidade de "expropriadores", condenando as massas a uma miséria, opressão, escravatura e degradação crescentes. Mas é precisamente este estranho sistema que, "com a inexorabilidade de uma lei da natureza", finalmente traz a salvação. A chegada do socialismo é inevitável. Aparecerá como resultado das ações dos proletários que tenham consciência de classe. O "povo" finalmente triunfará. Todas os planos e subterfúgios dos perversos "burgueses" estão fadados ao fracasso.

## Mas aqui as duas linhas divergem

No *Manifesto Comunista*, Marx e Engels elaboraram um plano passo a passo para a transformação do capitalismo em socialismo. Os proletários deveriam "vencer a batalha da democracia" e assim elevar-se à posição de classe dominante. Então deveriam usar a sua supremacia política para arrancar, "aos poucos", todo o capital da burguesia. Marx e Engels dão instruções bastante detalhadas sobre as diversas medidas às quais os proletários deveriam recorrer para colocar em prática esse plano. É desnecessário citar exaustivamente o plano que eles conceberam para tal batalha. Os diversos itens contidos naquele plano são familiares a todos os americanos que viveram os anos do New Deal e do Fair Deal. É mais importante lembrar que os próprios pais do marxismo caracterizaram as medidas que recomendaram como "incursões despóticas nos direitos de propriedade e nas condições de produção burguesa" e como "medidas que parecem economicamente insuficientes e insustentáveis, mas que no curso do movimento serão justificadas, precisam de novas incursões na velha ordem social e são inevitáveis como meio de revolucionar completamente o modo de produção"[60].

---

60. É importante notar que as palavras "precisam de mais incursões na velha ordem social" estão faltando no texto original alemão do Manifesto Comunista, bem como nas edições alemãs autorizadas publicadas posteriormente. Elas foram inseridas em 1888 por Engels na tradução de Samuel Moore, que foi publicada com o subtítulo Authorized English Translation, edited and annotated by Frederick Engels [Tradução Autorizada em Inglês, editada e anotada por Frederick Engels]. (N. T.)

É óbvio que todos os "reformadores" dos últimos cem anos dedicaram-se a colocar em prática o esquema elaborado pelos autores do *Manifesto Comunista* em 1848. Neste sentido, a *Sozialpolitik* de Bismarck, bem como o New Deal de Roosevelt, podem ser corretamente chamados de marxistas.

Mas, por outro lado, Marx também concebeu uma doutrina radicalmente diferente daquela exposta no *Manifesto Comunista*, e absolutamente incompatível com o que havia sido defendido antes. De acordo com esta segunda doutrina,

> nenhuma formação social jamais desaparece antes que estejam desenvolvidas todas as forças produtivas que possa conter, e as relações de produção novas e superiores não tomam jamais seu lugar antes que as condições materiais de existência dessas relações tenham sido incubadas no próprio seio da velha sociedade.

A maturidade plena do capitalismo é o pré-requisito indispensável para o aparecimento do socialismo. Só existe um caminho para a realização do socialismo, qual seja, a evolução progressiva do próprio capitalismo que, através das contradições incuráveis do modo de produção capitalista, causa o seu próprio colapso. Independentemente da vontade dos homens, este processo "executa a si mesmo através da operação das leis inerentes à produção capitalista".

A máxima concentração de capital por um pequeno grupo de expropriadores, por um lado, e o empobrecimento insuportável das massas exploradas, por outro, são os fatores que por si só podem dar origem à grande revolução que varrerá o capitalismo. Só então a paciência dos miseráveis assalariados irá acabar e com um golpe repentino eles irão, numa revolução violenta, derrubar a "ditadura" da burguesia envelhecida e decrépita.

Do ponto de vista desta segunda doutrina, Marx distingue entre as políticas dos pequeno-burgueses e as dos proletários com consciência de classe. Os pequeno-burgueses, na sua ignorância, depositam todas as suas esperanças nas reformas. Buscam restringir, regular e melhorar o capitalismo. Eles não percebem que todos esses esforços estão fadados ao fracasso e pioram as coisas, ao invés de melhorá-las. Tais ações são piores porque atrasam a evolução do capitalismo e, portanto, a chegada da sua maturidade, a única etapa que pode provocar o grande desastre e, assim, libertar a humanidade dos males da exploração. Mas os proletários, iluminados pela doutrina marxista, não se entregam a estes devaneios. Eles não embarcam em esquemas que busquem uma melhoria do capitalismo. Eles, pelo contrário, reconhecem em cada progresso do capitalismo, em cada deterioração das suas próprias condições e em cada nova crise econômica, um progresso em direção ao colapso inevitável do modo de produção capitalista. A essência das suas políticas é organizar e disciplinar as suas forças, os batalhões militantes do povo, para estarem prontos quando chegar o grande dia da revolução.

Esta rejeição das políticas pequeno-burguesas também se refere às táticas sindicais tradicionais. Os planos dos trabalhadores para aumentar, no quadro do capitalismo, os salários e os seus padrões de vida através da sindicalização e das greves são desnecessários, pois a tendência inescapável do capitalismo, diz Marx, não é aumentar, mas baixar o padrão salarial médio. Consequentemente, ele aconselhou os sindicatos a mudarem completamente as suas políticas. Em vez do lema *conservador* de: "Um salário justo por uma jornada de trabalho justa!", eles deverão escrever na sua bandeira este mote *revolucionário*: "Abolição do sistema de trabalho assalariado!".

É impossível conciliar estas duas variedades de doutrinas marxistas e de políticas marxistas. Elas se impedem uma à outra. Os autores do *Manifesto Comunista* de 1848 recomendaram exatamente as políticas que seus livros e panfletos posteriores rotularam como disparates pequeno-burgueses. Porém, estes mesmos autores nunca repudiaram o seu esquema proposto em 1848. Eles inclusive organizaram novas edições do *Manifesto*. No prefácio da edição de 1872, eles declararam que os princípios para a ação política, tal como delineados em 1848, precisam de ser melhorados, uma vez que tais medidas práticas devem ser sempre ajustadas às condições históricas que estão em constante mudança. Mas não disseram, naquele prefácio, que tais reformas seriam o resultado da mentalidade pequeno-burguesa. Assim permaneceu o dualismo das duas linhas marxistas.

Foi em perfeita concordância com a linha revolucionária intransigente que os social-democratas alemães, na década de 1880, votaram no Reichstag contra as leis de segurança social de Bismarck e foi também a oposição enérgica deste mesmo grupo que frustrou a intenção de Bismarck de socializar a indústria alemã de tabaco. Não é menos consonante com esta linha revolucionária que os stalinistas e seus seguidores descrevam o New Deal americano e as curas patenteadas keynesianas como ideias inteligentes mas com pouco sentido, visto que concebidos para salvar e preservar o capitalismo.

O antagonismo atual entre os comunistas, por um lado, e os socialistas, os *new dealers* e os keynesianos, por outro, é uma controvérsia sobre os meios que devem ser usados para chegar a um objetivo que é comum para os dois lados. Este objetivo é o estabelecimento de um planejamento central abrangente e a eliminação total da economia de mercado. É uma rivalidade entre duas facções, ambas arraigadas nos ensinamentos de Marx. E é de fato paradoxal que, nesta controvérsia, o título de "marxista" dos anticomunistas seja atribuído ao documento chamado *Manifesto Comunista*.

## O GUIA DOS PROGRESSISTAS

É impossível compreender a mentalidade e a política dos progressistas sem considerar o fato de que o *Manifesto Comunista* é para eles tanto um manual como um livro sagrado, além de também ser a única fonte confiável de informação sobre o futuro da humanidade e ainda o código definitivo de conduta política. O *Manifesto Comunista* é a única peça dos escritos de Marx que eles realmente examinaram. Além do *Manifesto*, eles conhecem apenas algumas frases soltas e fora do contexto e sem qualquer relação com os problemas das políticas atuais. Mas com o *Manifesto* eles aprenderam que a chegada do socialismo é inevitável e que esta chegada transformará a terra num Jardim do Éden. Eles se autodenominam "progressistas", e dão aos seus oponentes a alcunha de "reacionários", precisamente porque, lutando pela felicidade que está prestes a chegar, são levados pela "onda do futuro", enquanto seus adversários estão empenhados na tentativa desesperada de parar a roda do Destino e da História. Que conforto saber que a própria causa está destinada a vencer!

Então os professores, escritores, políticos e funcionários progressistas descobrem no *Manifesto* uma passagem que lisonjeia especialmente a sua própria vaidade. Eles pertencem àquela "pequena seção da classe dominante", àquela "parte dos ideólogos burgueses" que passaram para o proletariado, "a classe que tem o futuro nas suas mãos". Assim, são membros daquela elite "que se elevou ao nível de compreender teoricamente os movimentos históricos como um todo".

Ainda mais importante é o fato de o *Manifesto* lhes proporcionar um colete que os torna à prova de todas as críticas dirigidas às suas políticas. Os burgueses descrevem estas políticas progressistas como "economicamente insuficientes e insustentáveis", e pensam que assim teriam demonstrado a sua inépcia.

Como eles estão errados! Aos olhos dos progressistas, a excelência destas políticas consiste no próprio fato de serem "economicamente insuficientes e insustentáveis". Pois tais políticas são exatamente, como diz o *Manifesto*, "inevitáveis como meio de revolucionar completamente o modo de produção".

O *Manifesto Comunista* serve de guia não apenas para o pessoal das sempre crescentes hordas de burocratas e pseudoeconomistas. Ele revela aos autores "progressistas" a própria natureza da "cultura de classe burguesa". Que vergonha é esta chamada civilização burguesa! Felizmente, os olhos dos autodenominados escritores "liberais" foram bem abertos por Marx. O *Manifesto* diz a eles a verdade sobre a indescritível mesquinhez e depravação da burguesia. O casamento burguês é "na verdade um sistema de comunidade de mulheres". O burguês "vê na sua esposa um mero instrumento de produção". Os nossos burgueses, "não satisfeitos em ter à sua disposição as esposas e filhas dos seus proletários, para não falar das prostitutas comuns, têm o maior prazer em seduzir as esposas uns dos outros". Neste sentido, inúmeros romances e peças teatrais retratam as condições da sociedade podre do capitalismo decadente.

Quão diferentes são as condições no país cujos proletários, a vanguarda daquilo que os grandes fabianos, Sidney e Beatrice Webb, chamaram de *Nova Civilização*, já "liquidaram" os exploradores! Pode-se admitir que os métodos russos não podem ser considerados em todos os aspectos como um padrão a ser adotado pelos "liberais" do Ocidente. Também pode ser verdade que os russos, devidamente irritados com os planos dos capitalistas ocidentais, que conspiram sem cessar para uma derrubada violenta do regime soviético, fiquem furiosos e por vezes deem vazão à sua indignação usando uma linguagem de poucos amigos. No entanto, permanece o fato de que na Rússia a palavra do *Manifesto Comunista* tornou-se carne. Enquanto sob o capitalismo "os trabalhadores não têm pátria" e "não têm nada a perder a não ser os seus grilhões", a Rússia é a verdadeira pátria de todos os proletários de todo o mundo. Num sentido puramente técnico e jurídico, pode ser errado que um americano ou canadense entreguem documentos confidenciais do Estado ou os projetos secretos de armas novas às autoridades russas. De um ponto de vista mais elevado, o mesmo ato pode ser compreensível.

### A LUTA DE ANDERSON CONTRA O DESTRUCIONISMO

Esta foi a ideologia que se apoderou dos homens que nas últimas décadas controlaram o governo e determinaram o curso dos assuntos americanos. Foi contra esta mentalidade que os economistas tiveram de lutar ao criticar o New Deal.

O principal dentre esses dissidentes foi Benjamin McAlester Anderson. Durante a maior parte destes fatídicos anos, ele foi o editor e único autor, primeiro do *Chase Economic Bulletin* (publicado pelo Chase National Bank) e depois do *Economic Bulletin* (emitido pela Capital Research Company). Nos seus brilhantes artigos, ele analisou as políticas quando ainda estavam em estado de desenvolvimento e, mais tarde, quando as suas consequências desastrosas apareceram. Ele levantou a sua voz de alerta quando ainda havia tempo para não tomar medidas inadequadas, e mais tarde nunca hesitou em explicar como a destruição causada pela rejeição às objeções e sugestões que havia feito anteriormente poderia ser reduzida tanto quanto possível.

Suas críticas nunca foram meramente negativas. Ele sempre teve a intenção de indicar caminhos que pudessem levar a sair de um impasse. Ele tinha uma mente construtiva.

Anderson não era um doutrinário dissociado do contato com a realidade. Como economista do Chase National Bank de 1919 a 1939, ele teve muitas oportunidades de aprender muito sobre as condições econômicas americanas. A sua familiaridade com os negócios e a política europeia não foi superada por nenhum outro americano. Ele conhecia intimamente todos os homens que desempenharam um papel fundamental na condução da atividade bancária, empresarial e política tanto nacional quanto internacionalmente. Estudante incansável, ele conhecia bem o conteúdo de documentos do Estado, os relatórios estatísticos e muitos documentos confidenciais. Suas informações estavam sempre completas e atualizadas.

Mas as suas qualidades mais eminentes eram a sua inquebrável honestidade, a sua sinceridade inabalável e o seu impávido patriotismo. Ele nunca cedeu. Ele sempre falou livremente sobre o que considerava verdadeiro. Se ele estivesse preparado para suprimir ou somente suavizar as suas críticas às políticas populares mas economicamente incorretas, os cargos e posições mais influentes teriam sido oferecidos a ele. Mas ele nunca deixou suas convicções de lado. Essa firmeza marca Anderson como um dos personagens mais importantes nesta era de supremacia daqueles que só querem passar despercebidos.

As suas críticas à política monetária frouxa, à expansão do crédito e à inflação, ao abandono do padrão-ouro, aos orçamentos desequilibrados, aos gastos keynesianos, ao controle de preços, aos subsídios, às compras de prata, às tarifas e muitas outras críticas semelhantes foram profundas. Aqueles que apoiavam estas panaceias não tinham a mais remota ideia de como refutar as suas objeções. Tudo o que fizeram foi considerar Anderson "ortodoxo". Embora os efeitos indesejados das políticas "pouco ortodoxas" que ele tinha atacado nunca deixassem de aparecer exatamente como ele tinha previsto, quase ninguém em Washington prestou atenção às suas palavras.

A razão é óbvia. A essência da crítica de Anderson era que todas essas medidas eram "economicamente insuficientes e insustentáveis", que eram "intervenções despóticas" nas condições de produção, que "precisavam de ainda mais intervenções" e que deveriam finalmente destruir todo o nosso sistema econômico. Mas estes eram apenas os fins que os marxistas de Washington tinham em mente. Eles não se preocuparam em sabotar todas as instituições essenciais do capitalismo, pois aos seus olhos o capitalismo era o pior de todos os males e já estava condenado de qualquer maneira pelas leis inexoráveis da evolução histórica. O plano deles era criar, passo a passo, o Estado de Bem-Estar Social do planejamento central. Para atingir este objetivo, adotaram as políticas "insustentáveis" que o *Manifesto Comunista* declarou serem "inevitáveis como meio de revolucionar completamente o modo de produção".

Anderson nunca cansou de salientar que as tentativas de forçar a taxa de juro para baixo através da expansão do crédito devem resultar num *boom* artificial e nas suas consequência inevitável, a depressão. Neste sentido, ele atacou, muito antes de 1929, a política monetária frouxa dos anos 20 e, mais tarde, muito antes do colapso de 1937, as políticas de estímulo ao consumo do New Deal. Ele falou para ouvidos moucos, pois os seus oponentes aprenderam com Marx que a recorrente ocorrência das crises econômicas é um resultado necessário da ausência de planejamento central e não pode ser evitada onde a "anarquia de produção" existe. Quanto mais pesada for a crise, mais próximo estará o dia da salvação, quando o socialismo substituirá o capitalismo.

A política de manter os salários, quer por decreto governamental, quer através da violência e intimidação sindical, acima do nível que o mercado de trabalho livre teria determinado cria desemprego em massa que se prolonga ano após ano. Ao lidar com as condições americanas, bem como com as da Grã-Bretanha e de outros países europeus, Anderson falou repetidamente sobre esta lei econômica que, como até Lord Beveridge tinha afirmado alguns anos antes, não é nem mesmo debatida por qualquer autoridade competente nestes temas. Seus argumentos não impressionaram aqueles que se apresentavam como "amigos dos trabalhadores". Eles consideraram que a alegada "incapacidade da empresa privada em proporcionar empregos para todos" era inevitável e decidiram usar o desemprego em massa como alavanca para a realização dos seus planos.

Se quisermos repelir os ataques dos comunistas e socialistas e proteger a civilização ocidental da sovietização, não é suficiente revelar o fracasso e a impropriedade das políticas progressistas que, em teoria, visam melhorar as condições econômicas das massas. O que é necessário é um ataque frontal a toda a rede de falácias marxistas, veblenianas e keynesianas. Enquanto os silogismos destas pseudofilosofias mantiverem o seu imerecido prestígio, o intelectual médio continuará a culpar o capitalismo por todos os efeitos desastrosos dos projetos e dispositivos anticapitalistas.

### ANDERSON E A HISTÓRIA ECONÔMICA PÓSTUMA

Benjamin Anderson dedicou os últimos anos da sua vida à composição de um grande livro, a história financeira e econômica da nossa era de guerras e de progressiva desintegração civilizacional.

As obras históricas mais eminentes vieram de autores que escreveram a história de sua época para um público contemporâneo aos acontecimentos registrados. Quando a escuridão começou a cair sobre a glória de Atenas, um dos seus melhores cidadãos dedicou-se a Clio[61]. Tucídides escreveu a história das Guerras do Peloponeso e da direção fatídica da política ateniense não como um estudante indiferente àqueles acontecimentos. Sua mente perspicaz reconheceu plenamente o significado desastroso do rumo que os seus compatriotas estavam seguindo enquanto aquilo ocorria. Ele mesmo tinha estado na política e tinha servido como combatente. Ao escrever a história, ele queria servir seus concidadãos. Queria chamar sua atenção e avisá-los, com o intuito de fazê-los parar em sua marcha rumo ao abismo.

Essas também eram as intenções de Anderson. Ele não escreveu apenas para registrar. A sua história é, de certa forma, também uma continuação e recapitulação do seu exame crítico e da interpretação dos acontecimentos atuais, tal como eram fornecidos pelos seus *Bulletins* e outros documentos. Ele não narra um passado morto. Ele fala de forças que ainda operam e espalham a ruína. Como Tucídides, Anderson estava ansioso para servir aqueles que desejam um conhecimento preciso sobre o passado como chave para o futuro.

Novamente como Tucídides, Anderson infelizmente não viveu para ver seu livro publicado. Após a sua morte prematura, muito lamentada por todos os seus amigos e admiradores, a D. Van Nostrand Company

---

61. Musa da História, conforme a mitologia grega. (N. R.)

publicou tal livro, prefaciado por Henry Hazlitt, com o título *Economics and the Public Welfare, Financial and Economic History of the United States, 1914-1946* [*A Economia do Bem-Estar Social, História Financeira e Econômica dos Estados Unidos 1914-1946*]. Este livro contém mais do que o título indica, porque a história econômica e financeira dos Estados Unidos neste período estava tão intimamente entrelaçada com a de todas as outras nações que a sua narrativa abrange toda a órbita da civilização ocidental. Os capítulos que tratam dos assuntos britânicos e franceses são sem dúvida o melhor que já foi dito sobre o declínio destes países outrora prósperos.

É muito difícil para um revisor selecionar, dentre os tesouros de informações, sabedoria e análise econômica aguçada reunidos neste volume, as joias mais preciosas. O leitor exigente fica cativado desde a primeira página e não o deixará o livro de lado antes de chegar à última.

Há pessoas que pensam que a história econômica negligencia o que chamam de "ângulo humano". Ora, o campo próprio da história econômica são os preços e a produção, a moeda e o crédito, os impostos e os orçamentos, e outros fenômenos semelhantes. Mas todas estas coisas são o resultado de vontades e das ações humanas, de seus planos e ambições. O tema da história econômica é o homem com todo o seu conhecimento e ignorância, a sua verdade e os seus erros, as suas virtudes e os seus vícios.

Citemos uma das observações de Anderson. Ao comentar sobre o abandono do padrão-ouro pelos Estados Unidos, ele observa:

> Nenhuma necessidade na vida humana é tão grande quanto a que os homens confiem uns nos outros; e eles deveriam confiar em seu governo, deveriam acreditar em promessas e deveriam cumprir suas promessas, para que as promessas futuras possam ser críveis e para que uma cooperação confiante seja possível. A boa-fé – pessoal, nacional e internacional – é o primeiro pré-requisito para uma vida decente, para o desenvolvimento estável da indústria, para a força e estabilidade financeira dos governos e para a paz internacional (p. 317-318).

Foram essas as ideias que levaram os autoproclamados progressistas a taxar Anderson como "ortodoxo", "antiquado", "reacionário" e "vitoriano". Sir Stafford Cripps, que doze vezes negou solenemente que algum dia mudaria a proporção oficial da libra esterlina em relação ao dólar, e depois, quando o fez, alegou que, naturalmente, não poderia admitir que de fato tinha tal intenção, agrada mais aqueles que falam mal de Anderson.

# CAPÍTULO 10
# Lord Keynes e a Lei de Say[62]

*I*

A principal contribuição de Lord Keynes não está no desenvolvimento de novas ideias, mas "na fuga às antigas", como ele próprio declarou no final do prefácio da sua *Teoria Geral*. Os keynesianos nos dizem que a sua realização para a posteridade consiste na refutação completa daquilo que veio a ser conhecido como a Lei dos Mercados de Say. A rejeição desta lei, declaram eles, é a essência de todos os ensinamentos de Keynes; todas as outras proposições da sua doutrina decorrem como necessidade lógica desta visão fundamental, e deverão ruir se a futilidade do ataque de Keynes à Lei de Say puder ser demonstrada[63].

---

62. Publicado originalmente em The Freeman, 30 out. 1950. Republicado com a permissão da Foundation for Economic Education. (BBG)
63. SWEEZY, P. M. em *The New Economics*, S. E. Harris (ed.), Nova York, 1947, p. 105.

Agora é importante perceber que a chamada Lei de Say foi, em primeira instância, concebida como uma refutação de doutrinas popularmente defendidas quando o desenvolvimento da economia como um ramo do conhecimento humano ainda não havia ocorrido. A Lei de Say não era parte da nova ciência econômica, tal como ensinada pelos economistas clássicos. Foi antes algo preliminar – parte da exposição e o descarte de ideias distorcidas e insustentáveis que dificultavam a compreensão das pessoas e eram um sério obstáculo a uma análise razoável das condições.

Sempre que os negócios iam mal, o comerciante, na média, tinha duas explicações em mente: o mal era causado pela escassez de dinheiro ou pela superprodução espalhada pela economia. Adam Smith, numa famosa passagem de *A Riqueza das Nações*, destruiu o primeiro destes mitos. Say dedicou-se predominantemente a uma refutação completa do segundo.

Enquanto qualquer coisa ainda for um bem econômico e não um "bem gratuito", a sua oferta não será, evidentemente, absolutamente abundante. Ainda existem necessidades não satisfeitas que uma oferta maior do bem em questão poderia satisfazer. Ainda há pessoas que ficariam felizes em ter mais deste bem do que elas atualmente podem ter. No que diz respeito aos bens econômicos, nunca poderá haver superprodução absoluta. (E a economia lida apenas com bens econômicos, e não com bens gratuitos como o ar, que não são objeto de ação humana intencional;

não são, portanto, produzidos, e em relação aos quais o emprego de termos como subprodução e sobreprodução é simplesmente sem sentido).

No que diz respeito aos bens econômicos, só pode haver superprodução relativa. Enquanto os consumidores pedem quantidades definidas de camisas e de sapatos, as empresas produzem, digamos, uma quantidade maior de sapatos e uma quantidade menor de camisas. Isto não é uma superprodução geral de todas as mercadorias. À superprodução de calçados corresponde uma subprodução de camisas. Por consequência, o resultado não pode ser uma depressão geral de todos os ramos de negócios. O resultado de uma situação como esta é uma mudança na relação de troca entre sapatos e camisas. Se, por exemplo, antes um par de sapatos podia comprar quatro camisas, na nova situação compra apenas três camisas. Embora os negócios sejam ruins para os fabricantes de sapatos, eles são bons para os fabricantes de camisas. As tentativas de explicar a depressão geral do comércio referindo-se a uma suposta superprodução geral são, portanto, falaciosas.

As mercadorias, diz Say, são, em última análise, pagas não com dinheiro, mas com outras mercadorias. O dinheiro é apenas o meio de troca comumente usado; desempenha apenas um papel intermediário. O que o vendedor deseja receber em última análise em troca das mercadorias vendidas são outras mercadorias. Cada mercadoria produzida é, portanto, um preço, por assim dizer, para outras mercadorias produzidas. A situação do produtor de qualquer mercadoria melhora com qualquer aumento na produção de outras mercadorias. O que pode prejudicar os interesses do produtor de uma determinada mercadoria é a sua incapacidade de antecipar corretamente o estado futuro do mercado. Ele superestimou a procura do público pela sua mercadoria e subestimou a procura por outras mercadorias. Os consumidores não gostam de um empresário tão pouco capaz; compram os seus produtos apenas a preços que o fazem incorrer em prejuízos e obrigam-no, se não corrigir os seus erros a tempo, a fechar o negócio. Por outro lado, os empresários que conseguiram antecipar melhor a procura do público obtêm lucros e poderão então expandir as suas atividades empresariais. Esta, diz Say, é a verdade por trás das afirmações confusas dos empresários de que a principal dificuldade não está em produzir, mas em vender. Seria mais apropriado declarar que o primeiro e principal problema dos negócios é produzir da maneira melhor e mais barata as mercadorias que satisfaçam as necessidades mais urgentes ainda não satisfeitas do público potencialmente comprador. Assim, Smith e Say demoliram a explicação mais antiga e ingênua sobre os ciclos econômicos, aquela que era fornecida pelas falas populares de comerciantes ineficientes. É verdade que a realização de Smith e Say foi meramente negativa. Eles destruíram a crença de que a recorrência de períodos de maus negócios era causada pela escassez de dinheiro e por uma superprodução generalizada. Mas não nos deram uma teoria elaborada do ciclo econômico. A primeira explicação deste fenômeno foi fornecida muito mais tarde pela British Currency School. As importantes contribuições de Smith e Say não eram inteiramente novas e originais. A história do pensamento econômico pode remontar alguns pontos essenciais dos raciocínio que eles ofereceram a autores mais antigos. Isto não diminui de forma alguma os méritos de Smith e Say. Foram eles dois os primeiros a tratar a questão de forma sistemática e a aplicar as suas conclusões ao problema das depressões econômicas. Foram, portanto, também eles os primeiros contra quem os apoiantes da espúria doutrina popular citada anteriormente dirigiram os seus violentos ataques. Sismondi e Malthus escolheram Say como alvo de investidas furiosas quando tentaram – em vão – salvar os preconceitos populares que haviam sido desacreditados pela explicação de Say.

## II

Say saiu vitorioso do debate com Malthus e Sismondi. Ele provou que tinha razão, enquanto seus adversários não conseguiram provar o lado deles. A partir de então, durante todo o resto do século XIX, o reconhecimento da verdade contida na Lei de Say foi a marca distintiva de um economista. Os autores e políticos que responsabilizaram a alegada escassez de dinheiro por todos os males e defenderam a inflação como a panaceia já não eram considerados economistas, mas sim "excêntricos monetários".

A luta entre os defensores da moeda sólida e os inflacionistas durou muitas décadas. Mas já não era considerada uma controvérsia viva entre várias escolas de economistas. Tal luta foi vista como um conflito entre economistas e antieconomistas, entre homens razoáveis e fanáticos ignorantes. Quando todos os países civilizados adotaram o padrão-ouro ou o padrão-ouro no câmbio, a causa da inflação pareceu estar perdida para sempre.

A economia não se contentou com o que Smith e Say ensinaram sobre aqueles problemas. Desenvolveu-se então um sistema integrado de teoremas que demonstrou convincentemente o absurdo dos sofismas inflacionistas. Descreveu-se em detalhe as consequências inevitáveis de um aumento na quantidade de dinheiro em circulação e da expansão do crédito. Elaborou-se a teoria do ciclo econômico baseada em crédito monetário ou de circulação, que mostrou claramente como a recorrência de depressões é causada pelas repetidas tentativas de "estimular" os negócios através da expansão do crédito. Assim, provou-se conclusivamente que a crise, cujo aparecimento os inflacionistas atribuíram a uma insuficiência da oferta de moeda, é, pelo contrário, o resultado necessário das tentativas de eliminar essa alegada escassez de moeda através da expansão do crédito.

Os economistas não contestaram o fato de que uma expansão do crédito na sua fase inicial faz os negócios prosperarem. Mas salientaram que tal *boom* artificial deverá inevitavelmente entrar em colapso após algum tempo e gerar uma depressão geral. Tal demonstração poderia apelar aos estadistas que pretendem promover o bem-estar duradouro da suas nações. Porém, não poderia influenciar demagogos que só se preocupam com o sucesso na próxima campanha eleitoral e não estão minimamente preocupados com o que acontecerá depois de amanhã. Mas são precisamente essas pessoas que tiveram sucesso na vida política desta era de guerras e revoluções. Desafiando todos os ensinamentos dos economistas, a inflação e a expansão do crédito foram elevadas à dignidade de princípio fundamental da política econômica. Quase todos os governos estão agora comprometidos com gastos imprudentes e com o financiamento dos seus déficits através da emissão de quantidades adicionais de papel-moeda sem lastro e da expansão ilimitada do crédito.

Os grandes economistas foram arautos de novas ideias. As políticas econômicas que recomendaram estavam em desacordo com as políticas praticadas pelos governos e partidos políticos de então. Como regra geral, passaram-se muitos anos, até mesmo décadas, antes que a opinião pública aceitasse as novas ideias propagadas pelos economistas e antes que as mudanças correspondentes necessárias nas políticas fossem colocadas em prática.

Foi diferente com a "nova economia" de Lord Keynes. As políticas que defendeu eram precisamente aquelas que quase todos os governos, incluindo o britânico, já tinham adotado muitos anos antes da publicação da sua *Teoria Geral*. Keynes não foi um inovador e defensor de novos métodos de gestão de assuntos econômicos. A sua contribuição consistiu primeiramente em fornecer uma justificativa aparente para as políticas que eram populares entre os que estavam no poder, apesar de todos os economistas considerarem estas mesmas políticas desastrosas. A conquista de Keynes foi uma racionalização das políticas já praticadas. Ele não era um "revolucionário", como alguns de seus seguidores o chamavam. A "revolução keynesiana" ocorreu muito antes de Keynes a aprovar e de fabricar para ela uma justificativa pseudocientífica. O que ele realmente fez foi escrever uma apologia para as políticas prevalecentes dos governos.

Isso explica o rápido sucesso de seu livro. Ele foi saudado com entusiasmo pelos governos e pelos partidos políticos no poder. Um novo tipo de intelectuais, os "economistas do governo", ficaram especialmente alvoroçados. Eles estavam com a consciência pesada. Estavam conscientes do fato de estarem executando políticas que todos os economistas condenavam como contrárias ao propósito ao qual diziam perseguir e que seriam desastrosas. Agora estes economistas do governo se sentiram aliviados. A "nova economia" restabeleceu o seu equilíbrio moral. Hoje eles já não se envergonham de ser os executores de más políticas. Eles glorificam a si mesmos. Eles são os profetas do novo credo.

### III

Os epítetos exuberantes que estes admiradores atribuíram à obra de Keynes não podem obscurecer o facto de ele não ter refutado a Lei de Say. Ele rejeitou-a de maneira emocional, mas não apresentou um único argumento sustentável para invalidar a fundamentação da lei.

Keynes nem mesmo tentou refutar, através do raciocínio discursivo, os ensinamentos da economia moderna. Ele escolheu ignorá-los, isso foi tudo. Ele nunca escreveu nenhuma palavra de crítica séria contra o teorema de que o aumento da quantidade de dinheiro não pode ter outro efeito senão, por um lado, favorecer alguns grupos em detrimento de outros grupos, e, por outro lado, promover o mau investimento de capital e a desacumulação de capital. Ele estava completamente perdido quando se tratava de apresentar qualquer argumento sólido para refutar a teoria monetária do ciclo comercial. Tudo o que ele fez foi reviver os dogmas contraditórios das várias seitas do inflacionismo. Ele não acrescentou nada às presunções vazias de seus antecessores, desde a antiga Birmingham School of Little Shilling Men até Silvio Gesell. Ele apenas traduziu os sofismas destes autores – cem vezes refutados – para a linguagem questionável da economia matemática. Ele ignorou em silêncio todas as objeções que homens como Jevons, Walras e Wicksell – para citar apenas alguns – opuseram aos comentários dos inflacionistas.

O mesmo acontece com seus discípulos. Eles pensam que chamar "aqueles que não conseguem ser levados à admiração pelo gênio de Keynes" de "estúpidos" ou "fanáticos tacanhos"[64] seja um substituto para um raciocínio econômico sólido. Eles acreditam que provaram o seu caso ao rejeitarem os seus adversários como "ortodoxos" ou "neoclássicos". Eles revelam a maior ignorância ao pensar que a sua doutrina é correta porque é nova.

Na verdade, o inflacionismo é a mais antiga de todas as falácias. Era muito popular muito antes dos tempos de Smith, Say e Ricardo, contra cujos ensinamentos os keynesianos não podem levantar qualquer outra objeção a não ser a de que são antigos.

## IV

O sucesso sem precedentes do keynesianismo deve-se ao fato de fornecer uma justificação aparente para as políticas de déficits públicos dos governos contemporâneos. É a pseudofilosofia daqueles que não conseguem pensar em outra coisa senão dissipar o capital acumulado pelas gerações anteriores.

---

64. HABERLER, G. "The General Theory", em *The New Economics*, S. E. Harris (ed.), Nova York, 1947, p. 161

No entanto, nenhum conjunto de autores, por mais brilhantes e sofisticados que sejam, pode alterar as perenes leis econômicas. Elas são, trabalham e cuidam de si mesmas. Apesar de todas as defesas apaixonadas dos porta-vozes dos governos, as consequências inevitáveis do inflacionismo e do expansionismo, tal como retratadas pelos economistas "ortodoxos", estão acontecendo. E então, muito tarde, mesmo as pessoas simples descobrirão que Keynes não nos ensinou como realizar o "milagre de transformar uma pedra em pão"[65], mas o procedimento nada milagroso de comer a semente de milho[66].

---

65. KEYNES, J. M. "Proposals for an International Clearing Union", em *The New Economics*, S. E. Harris (ed.), Nova York, 1947, pág. 332.
66. Ver HAZLITT, H. *The Failure of the "New Economics"*, cap. 3 ("Keynes vs. Say's Law"). New Rochelle: Arlington House, 1959. Ver também CARSON, Clarence B. "Permanent Depression", em The Freeman, dezembro de 1979, vol. 29, no 12, p. 743-51.

CAPÍTULO 11
# Pedras que viram pão, o milagre keynesiano[67]

*I*

A essência de todos os autores socialistas é a ideia de que existe abundância potencial e que a substituição do capitalismo pelo socialismo tornaria possível dar a todos "de acordo com as suas necessidades". Outros autores pretendem concretizar este paraíso por meio de uma reforma do sistema monetário e de crédito. Em sua opinião, tudo o que falta para que o objetivo seja alcançado é mais dinheiro e crédito. Consideram que a taxa de juros é um fenômeno criado artificialmente pela escassez de "meios de pagamento" provocada pelo homem. Em centenas, até milhares, de livros e folhetins, estes indivíduos culpam veementemente os

---

67. Publicado originalmente em Plain Talk, março de 1948, como "The Keynesian Miracle". Republicado com permissão da Foundation for Economic Education. (BBG)

economistas "ortodoxos" pela sua relutância em admitir que as doutrinas inflacionistas e expansionistas são sólidas. Todos os males, repetem em continuação, são causados pelos ensinamentos errôneos da "ciência sombria"[68] da economia e do "monopólio de crédito" dos banqueiros e usurários. Libertar o dinheiro das amarras do "restricionismo", criar dinheiro gratuito (*Freigeld*, na terminologia de Silvio Gesell) e conceder crédito barato ou mesmo gratuito, é o principal pilar da sua plataforma política.

Tais ideias apelam às massas desinformadas. E são muito populares entre os governos que desejam uma política de aumento da quantidade de dinheiro em circulação e de contas bancárias com liquidez imediata. Porém, os governos e partidos inflacionistas não estão preparados para admitir abertamente o seu apoio aos princípios dos inflacionistas. Embora a maioria dos países tenha embarcado na inflação e numa política monetária frouxa[69], os defensores literais do inflacionismo ainda eram rejeitados como "excêntricos monetários". Suas doutrinas não eram ensinadas nas universidades.

John Maynard Keynes, falecido conselheiro econômico do governo britânico, é o novo profeta do inflacionismo. A "Revolução Keynesiana" consistiu no fato de Keynes ter defendido abertamente as doutrinas

---

68. A economia é conhecida como *dismal science*. Para uma breve explicação sobre o surgimento do termo, ver MUNGER, M. *Dismal is Better*, disponível em: https://www.aier.org/article/dismal-is-better/. (N. T.)
69. No original: *easy money*. (N. T.)

de Silvio Gesell. Como o principal dos gessellianos britânicos, Lord Keynes adotou também o peculiar jargão messiânico da literatura inflacionista e introduziu-o em documentos oficiais. A expansão do crédito, diz o *Paper of the British Experts* [*Documento dos Especialistas Britânicos*] de 8 de abril de 1943, realiza o "milagre (...) de transformar uma pedra em pão"[70]. O autor deste documento foi, obviamente, Keynes. A Grã-Bretanha percorreu de fato um longo caminho partindo daquilo que acreditavam Hume e Mill sobre os milagres até chegar a esta afirmação.

## II

Keynes entrou na cena política em 1920 com seu livro *The Economic Consequences of the Peace* [*As Consequências Econômicas da Paz*]. Ele tentou provar que as quantias exigidas para reparações referentes ao ocorrido na Primeira Guerra Mundial eram muito superiores ao que a Alemanha podia pagar e "transferir". O sucesso do livro foi enorme. A máquina de propaganda dos nacionalistas alemães, bem arraigada em todos os países, se encarregou de apresentar Keynes como o economista mais capaz de todo o mundo e o estadista mais sábio da Grã-Bretanha.

No entanto, seria um erro culpar Keynes pela política externa suicida que a Grã-Bretanha adotou no período entre as duas guerras mundiais. Outras

---

70. Republicado como "Proposals for an International Clearing Union" em *The New Economics*, Seymour E. Harris (ed.), Nova York: Knopf, 1947, p. 332. (BBG)

forças, especialmente a adoção da doutrina marxista do imperialismo e do "fomentador da guerra capitalista"[71], foram de importância incomparavelmente maior no surgimento da pacificação. Com exceção de um pequeno número de homens sagazes, todos os britânicos apoiaram a política que finalmente tornou possível aos nazistas iniciarem a Segunda Guerra Mundial.

Um economista francês altamente talentoso, Étienne Mantoux, analisou ponto por ponto o famoso livro de Keynes. O resultado do seu muito cuidadoso e consciencioso estudo é devastador para Keynes, o economista e estatístico, bem como para Keynes, o estadista. Os amigos de Keynes não conseguem encontrar qualquer réplica substancial ao trabalho de Mantoux. O único argumento que o seu amigo e biógrafo, o Professor E. A. G. Robinson, pode apresentar é que esta poderosa acusação da posição de Keynes veio, "como seria de esperar, de um francês"[72]. Como se os efeitos desastrosos da pacificação e do derrotismo não tivessem afetado também a Grã-Bretanha!

Étienne Mantoux, filho do famoso historiador Paul Mantoux, foi o mais ilustre dos jovens economistas franceses. Ele já havia feito contribuições valiosas para a teoria econômica – entre elas uma crítica precisa à *Teoria Geral* de Keynes, publicada em 1937 na *Revue d'Économie Politique* – antes de começar seu livro *The Carthaginian Peace or the Economic Consequences*

---

71. No original: *capitalist warmongering*. (N. T.)
72. Economic Journal, vol. LVII, p. 23.

*of Mr. Keynes*⁷³. Ele não viveu para ver este seu livro publicado. Como oficial das forças francesas, foi morto em serviço durante os últimos dias da Segunda Guerra Mundial. Sua morte prematura foi um duro golpe para a França, que hoje necessita urgentemente de economistas sólidos e corajosos.

### III

Seria também um erro culpar Keynes pelos problemas e fracassos das políticas econômicas e financeiras britânicas contemporâneas. Quando ele começou a escrever, a Grã-Bretanha já havia abandonado há muito o princípio do *laissez-faire*. Essa conquista deve ser atribuída a homens como Thomas Carlyle e John Ruskin e, especialmente, aos fabianos. Os nascidos na década de oitenta do século XIX e depois eram apenas epígonos dos socialistas universitários e de salão do final do período vitoriano. Não eram críticos do sistema dominante, como haviam sido seus antecessores, mas sim defensores das políticas do governo e dos grupos de pressão cuja inadequação, futilidade e perniciosidade se tornavam cada vez mais evidentes.

O professor Seymour E. Harris acaba de publicar um robusto volume de ensaios produzidos por vários autores acadêmicos e burocratas que tratam das doutrinas de Keynes desenvolvidas em sua *Teoria Geral do Emprego, do Juro e da Moeda*, publicada em 1936. O título do volume é *The New Economics, Keynes' Influence*

---

73. Oxford University Press, 1946.

*on Theory and Public Policy* [*A Nova Economia - Influência de Keynes na Teoria e nas Políticas Públicas*]⁷⁴. Se o keynesianismo tem ou não o direito a ganhar a alcunha de "nova economia", ou se é, antes, uma repetição das falácias mercantilistas, muitas vezes já refutadas, e dos silogismos de inúmeros autores que queriam tornar todos prósperos através da moeda fiduciária, não importa. O que importa não é a novidade de uma doutrina, mas se esta é sólida.

O que é notável neste simpósio é que nem sequer tentam refutar as objeções levantadas contra Keynes por economistas sérios. O editor parece incapaz de conceber que qualquer homem honesto e não corrompido possa discordar de Keynes. Na sua opinião, a oposição a Keynes advém dos "interesses adquiridos dos estudiosos da teoria mais antiga" e da "influência preponderante da imprensa, do rádio, das finanças e da pesquisa paga". Aos seus olhos, os não-keynesianos são apenas um bando de bajuladores subornados, indignos de atenção. O Professor Harris adota assim os métodos dos marxistas e dos nazistas, que prefeririam difamar seus críticos e questionar os seus motivos em vez de refutar as suas teses.

Algumas das contribuições presentes naquele livro são escritas em linguagem digna e são reservadas, até mesmo críticas, na sua avaliação das realizações de Keynes. Outras são simplesmente explosões de bajulação. Assim nos diz o professor Paul A. Samuelson:

---

74. Nova York: Alfred A. Knopf, 1947.

"Ter nascido como economista antes de 1936 foi uma bênção – sim. Mas não ter nascido muito antes!". E ele passa a citar Wordsworth:

> Felicidade era estar vivo naquela madrugada,
> *Mas ser jovem era o paraíso!*[75]

Descendo das alturas do Parnaso até os vales prosaicos da ciência quantitativa, o Professor Samuelson nos dá informações exatas sobre a suscetibilidade dos economistas ao evangelho keynesiano de 1936. Aqueles com menos de 35 anos compreenderam plenamente o seu significado após algum tempo; aqueles com mais de 50 anos revelaram-se bastante imunes, enquanto os economistas intermediários estavam divididos. Depois de nos servir uma versão requentada do tema *giovanezza* de Mussolini, ele oferece mais dos slogans ultrapassados do fascismo, por exemplo, a "onda do futuro". Contudo, neste ponto, outro colaborador, o Sr. Paul M. Sweezy, discorda. Aos olhos de Sweezy, Keynes, contaminado pelas "deficiências do pensamento burguês" como era, não é o salvador da humanidade, mas apenas o precursor cuja missão histórica é preparar a mente britânica para a aceitação do marxismo puro e tornar a Grã-Bretanha ideologicamente madura para o socialismo pleno.

---

75. No original "Bliss was it in that dawn to be alive, // But to be young was very heaven!", parte do poema de William Wordsworth *The French Revolution as It Appeared to Enthusiasts at Its Commencement*, disponível em https://www.poetryfoundation.org/poems/45518/the-french-revolution-as-it-appeared-to-enthusiasts-at-its-commencement. (N. T.)

## IV

Ao recorrerem ao método da insinuação e ao tentarem fazer com que os seus adversários sejam suspeitos, referindo-se a eles em termos ambíguos que permitem várias interpretações, os seguidores do campo de Lord Keynes estão imitando os próprios procedimentos do seu ídolo. Pois aquilo que muitas pessoas chamaram com admiração de "estilo brilhante" e "domínio da linguagem" de Keynes eram, na verdade, truques retóricos baratos.

Ricardo, diz Keynes, "conquistou a Inglaterra tão completamente quanto a Santa Inquisição conquistou a Espanha". Esta afirmação é tão cruel quanto qualquer comparação poderia ser. A Inquisição, auxiliada por homens armados e executores, submeteu o povo espanhol. As teorias de Ricardo foram aceitas como corretas pelos intelectuais britânicos sem que qualquer pressão ou compulsão fosse exercida a seu favor. Mas ao comparar duas coisas completamente diferentes, Keynes insinua indiretamente que houve algo vergonhoso no sucesso dos ensinamentos de Ricardo e que aqueles que os desaprovam são tão heroicos, nobres e destemidos defensores da liberdade como foram aqueles que lutaram contra os horrores da Inquisição.

O mais famoso dos comentários de Keynes é: "Duas pirâmides, duas missas para os mortos, são duas vezes melhores que uma; mas isto não é verdade se estivermos falando sobre duas ferrovias de Londres a York". É óbvio que esta investida, digna de uma personagem de uma peça de Oscar Wilde ou de Bernard

Shaw, não prova de forma alguma a tese de que cavar buracos no chão e pagá-los com as poupanças reais "aumentará o verdadeiro produto nacional da bens e serviços úteis". Mas coloca o adversário na posição estranha de deixar um aparente argumento sem resposta ou empregar as ferramentas da lógica e do raciocínio discursivo contra a inteligência brilhante.

Outro exemplo da técnica de Keynes é dado pela sua descrição maliciosa da Conferência de Paz de Paris. Keynes discordou das ideias de Clemenceau. Assim, ele tentou ridicularizar seu adversário falando longamente sobre suas roupas e aparência, que, ao que parece, não atendiam aos padrões estabelecidos pelas lojas de roupas de Londres. É difícil descobrir qualquer ligação com o problema das reparações alemãs no fato de as botas de Clemenceau "serem de couro preto grosso, muito bom, mas de estilo campestre, e por vezes fechadas na frente, curiosamente, por uma fivela em vez de atacadores". Depois de 15 milhões de seres humanos terem morrido na guerra, os principais estadistas do mundo estavam reunidos para dar à humanidade uma nova ordem internacional e uma paz duradoura – e o especialista financeiro do Império Britânico se divertiu com o estilo rústico do calçado do primeiro-ministro francês.

Quatorze anos depois houve outra conferência internacional. Desta vez Keynes não foi um conselheiro subordinado à coroa britânica, como em 1919, mas uma das figuras principais. A respeito desta London World Economic Conference [Conferência Econômica Mundial de Londres], em 1933, o Professor Robinson observa:

> Muitos economistas em todo o mundo lembrarão (...) o evento em 1933 em Covent Garden em homenagem aos Delegados da Conferência Econômica Mundial, que deveu muito tanto à sua concepção quanto à sua organização a Maynard Keynes.

Os economistas que não estiveram ao serviço de um dos governos lamentavelmente ineptos de 1933 e, portanto, não foram delegados e não compareceram à deliciosa noite de balé, irão se recordar da Conferência de Londres por outras razões. Esta conferência marcou o fracasso mais espetacular na história dos assuntos internacionais daquelas políticas de neomercantilismo apoiada por Keynes. Comparada com este fiasco de 1933, a Conferência de Paris de 1919 parece ter sido um evento de grande sucesso. Mas Keynes não publicou quaisquer comentários sarcásticos sobre os casacos, botas e luvas dos delegados de 1933.

## V

Embora Keynes considerasse "o estranho e indevidamente negligenciado profeta Silvio Gesell" como um precursor, os seus próprios ensinamentos diferem consideravelmente dos de Gesell. O que Keynes tomou emprestado de Gesell, bem como de uma série de outros escritores a favor da inflação, não foi o conteúdo da sua doutrina, mas as conclusões práticas e as táticas que eles aplicaram para minar o prestígio dos seus oponentes. Esses estratagemas são:

(a) Todos os adversários, isto é, todos aqueles que não consideram a expansão do crédito como a panaceia, são colocados num grupo e intitulados de ortodoxos. Está implícito que não há diferenças entre eles.

(b) Supõe-se que a evolução da ciência econômica culminou em Alfred Marshall e terminou com ele. As descobertas da economia subjetiva moderna são desconsideradas.

(c) Tudo o que os economistas, desde David Hume até o nosso tempo, fizeram para esclarecer os resultados das alterações na quantidade de moeda e nos substitutos monetários é simplesmente ignorado. Keynes nunca embarcou na tarefa sem esperança de refutar estes ensinamentos usando raciocínio.

Em todos esses aspectos, os colaboradores do simpósio adotam a técnica de seu mestre. A sua crítica visa um corpo de doutrina criado pelas suas próprias ilusões, que não tem nenhuma semelhança com as teorias expostas por economistas sérios. Eles silenciam e ignoram tudo o que os economistas disseram sobre o resultado inevitável da expansão do crédito. Parece que nunca ouviram nada sobre a teoria monetária do ciclo comercial.

Para uma avaliação correta do sucesso que a *Teoria Geral* de Keynes encontrou nos círculos acadêmicos, é preciso considerar as condições prevalecentes na economia ensinada nas universidades durante o período entre as duas guerras mundiais.

Dentre os homens que ocuparam cátedras de economia nas últimas décadas, houve apenas alguns economistas genuínos, isto é, profundamente familiarizados com as teorias desenvolvidas pela economia subjetiva moderna. As ideias dos antigos economistas clássicos, bem como as dos economistas modernos, foram caricaturadas nos livros-texto e nas salas de aula; elas foram intituladas com alcunhas tais como economia antiquada, ortodoxa, reacionária, burguesa ou de Wall Street. Os professores tinham orgulho de terem refutado para sempre as doutrinas abstratas do manchesterismo e do *laissez-faire*.

O antagonismo entre as duas escolas de pensamento teve seu foco prático no tratamento do problema sindical. Os economistas considerados ortodoxos ensinavam que um aumento permanente das taxas salariais para todas as pessoas desejosas de ganhar salários só é possível na medida em que a quota *per capita* de capital investido e a produtividade do trabalho aumentem. Se – seja por decreto governamental ou por pressão sindical – as taxas de salário mínimo forem fixadas a um nível superior àquele a que o mercado livre as teria fixado, o resultado é o desemprego como um fenómeno de massas permanente.

Quase todos os professores das universidades da moda atacaram duramente esta teoria. À medida que estes autodenominados doutrinários "pouco ortodoxos" interpretavam a história econômica dos últimos duzentos anos, eles defendiam que o aumento sem precedentes dos salários reais e dos padrões de vida foi causado pelo sindicalismo e pela legislação pró-laboral do governo. O sindicalismo era, na sua opinião, altamente benéfico para os verdadeiros interesses de todos os assalariados e de toda a nação. Só os apologistas desonestos dos interesses sabidamente injustos dos exploradores insensíveis poderiam criticar os atos violentos dos sindicatos, diziam eles. A principal preocupação do governo popular, disseram eles, deveria ser encorajar os sindicatos tanto quanto possível e dar a eles toda a assistência necessária para combater as intrigas dos empregadores e para que pudessem fixar salários cada vez mais altos para os trabalhadores.

Mas assim que os governos e as legislaturas conferiram aos sindicatos todos os poderes de que eles necessitavam para fazer cumprir os seus salários-mínimos, surgiram as consequências que os economistas "ortodoxos" haviam previsto: o desemprego de uma parte considerável da força de trabalho potencial estendeu-se por anos a fio.

Os doutrinários "pouco ortodoxos" ficaram perplexos com tal resultado. O único argumento que apresentaram contra a teoria "ortodoxa" foi o apelo à sua própria interpretação falaciosa da experiência. Mas agora os acontecimentos se desenrolaram exatamente como a "escola abstrata" havia previsto. Houve confusão entre os "pouco ortodoxos".

Foi neste momento que Keynes publicou a sua *Teoria Geral*.

Que conforto para os envergonhados "progressistas"! Aqui, finalmente, eles tinham algo para opor à visão "ortodoxa". A causa do desemprego não foram as políticas laborais inadequadas, mas as deficiências do sistema monetário e de crédito. Não há mais necessidade de se preocupar com a insuficiência da poupança e da acumulação de capital e com os déficits públicos. Pelo contrário. O único método para acabar com o desemprego era aumentar a "demanda efetiva" através de despesas públicas financiadas pela expansão do crédito e pela inflação.

As políticas que a *Teoria Geral* recomendava eram precisamente aquelas que os "monetários excêntricos" tinham defendido muito antes e que a maioria dos governos havia adotado na Depressão de 1929 e nos anos seguintes. Algumas pessoas acreditam que os primeiros escritos de Keynes desempenharam um papel importante no processo que converteu os governos mais poderosos do mundo às doutrinas dos gastos imprudentes, da expansão do crédito e da inflação. Podemos deixar esta questão menor sem tratamento. De qualquer forma, não se pode negar que os governos e os povos não esperaram pela *Teoria Geral* para embarcar nestas políticas "keynesianas" – ou, mais corretamente, gesellianas.

## VI

A *Teoria Geral* de Keynes de 1936 não inaugurou uma nova era de políticas econômicas; em vez disso, marcou o fim de um período. Naquela época, as políticas recomendadas por Keynes já estavam então muito perto do momento em que suas consequências inevitáveis seriam aparentes e sua continuação seria impossível. Mesmo os keynesianos mais fanáticos não se atrevem a dizer que os problemas atuais da Inglaterra são efeitos de um excesso de poupanças e gastos insuficientes. A essência das tão glorificadas políticas econômicas "progressistas" das últimas décadas consistia em expropriar partes cada vez maiores dos rendimentos mais altos e em empregar os fundos obtidos através deste subterfúgio para financiar o obras públicas e efetivamente desperdiçar este dinheiro e para subsidiar os membros dos grupos de pressão mais poderosos. Aos olhos dos "pouco ortodoxos", todo tipo de política, por mais inadequados que tenham sido seus resultados, era justificado como um meio de promover mais igualdade. Agora esse processo chegou ao fim. Com os atuais níveis de imposto e os métodos aplicados para o controle de preços, lucros e taxas de juros, o sistema chegou ao seu limite. Mesmo o confisco de cada centavo ganho acima de 1.000 libras esterlinas por ano não poderá proporcionar qualquer aumento perceptível das receitas públicas da Grã-Bretanha. Os fabianos mais preconceituosos não podem deixar de perceber que daqui para a frente os fundos para gastos públicos devem ser retirados das mesmas pessoas que deveriam lucrar com eles. A Grã-Bretanha atingiu o limite tanto do expansionismo monetário como dos gastos públicos.

As condições neste país não são essencialmente diferentes. A receita keynesiana para fazer aumentar os salários já não funciona. A expansão do crédito, numa escala sem precedentes arquitetada pelo New Deal, atrasou durante um curto período as consequências de políticas laborais inadequadas. Durante este intervalo, o governo federal e os dirigentes sindicais puderam se vangloriar dos "ganhos sociais" que eles tinham proporcionado ao "homem comum". Mas agora as consequências inevitáveis do aumento da quantidade de dinheiro em espécie e de depósitos nas contas bancárias tornaram-se visíveis; os preços estão subindo cada vez mais. O que está acontecendo hoje nos Estados Unidos é o fracasso final do keynesianismo.

Não há dúvida de que o público americano está se afastando das noções e slogans keynesianos. O prestígio dessas ideias está diminuindo. Há apenas alguns anos, os políticos discutiam, de maneira ingênua, o aumento da renda nacional em dólares, sem levar em conta as mudanças que a inflação provocada pelo governo tinha provocado no poder de compra do mesmo dólar. Os demagogos especificaram o nível ao qual queriam levar a renda nacional (em dólares). Hoje esta forma de raciocínio não é mais popular. Finalmente o "homem comum" aprendeu que aumentar a quantidade de dólares não torna a América mais rica. O professor Harris ainda elogia o governo Roosevelt por ter aumentado a renda em dólares. Mas tal consistência keynesiana só é encontrada hoje em dia nas salas de aula.

Ainda há professores que dizem aos seus alunos que "uma economia pode se reerguer através dos seus próprios recursos" e que "podemos gastar o nosso caminho para a prosperidade"⁷⁶. Mas o milagre keynesiano não se materializa; as pedras não viram pão. Os panegíricos dos autores eruditos que cooperaram na produção do volume aqui comentado apenas confirmam a afirmação introdutória do editor de que "Keynes poderia despertar nos seus discípulos um fervor quase religioso pela sua economia, que poderia ser eficazmente aproveitado para a disseminação da nova economia". E o professor Harris continua dizendo: "Keynes realmente teve a Revelação".

Não adianta discutir com pessoas que são movidas por "um fervor quase religioso" e acreditam que seu mestre "teve a Revelação". É uma das tarefas da economia analisar cuidadosamente cada um dos planos inflacionistas, tanto os de Keynes e Gesell como os dos seus inúmeros antecessores, desde John Law até Major Douglas. No entanto, ninguém deveria esperar que qualquer argumento lógico ou qualquer experiência pudesse, em momento algum, abalar o fervor quase religioso daqueles que acreditam na salvação através do gasto e da expansão do crédito.

---

76. Ver TARSHIS, L. *The Elements of Economics*. Nova York, 1947, p. 565.

## CAPÍTULO 12
# A liberdade e seu inverso[77]

Tal como nos dizem repetidamente seus arautos, o socialismo não só enriquecerá todas as pessoas, mas também trará liberdade perfeita para todos os seres humanos. A transição para o socialismo, declara Friedrich Engels, amigo e colaborador de Marx, é o salto da humanidade do reino da necessidade para o reino da liberdade. Sob o capitalismo, dizem os comunistas, existe escravidão para a imensa maioria; só na União Soviética existe liberdade genuína para todos.

O tratamento deste problema da liberdade e da escravidão tem sido confundido com as questões das condições de existência do homem dadas pela natureza. Na natureza não há nada que possa ser chamado de liberdade. A natureza é necessidade inexorável. E o estado de coisas em que todos os seres criados são

---

77. Publicado originalmente em Christian Economics, agosto de 1960. (BBG)

colocados e com o qual têm de lidar. O homem tem que ajustar sua conduta ao mundo tal como ele é. Ele não tem o poder de se rebelar contra as "leis da natureza". Se quiser substituir condições mais satisfatórias por menos satisfatórias, terá de aceitar estas leis da natureza e lidar com elas.

## LIBERDADE EM SOCIEDADE SIGNIFICA LIBERDADE DE ESCOLHA PARA OS INDIVÍDUOS

O conceito de liberdade e a sua antítese só fazem sentido quando se referem às condições de cooperação social entre os indivíduos. A cooperação social, base de qualquer existência verdadeiramente humana e civilizada, pode ser alcançada por dois métodos diferentes. Pode ser cooperação em virtude de contrato e coordenação voluntária por parte de todos os indivíduos, ou pode ser cooperação em virtude de comando por parte de um *Führer* e da subordinação compulsória de muitos. Este último sistema é autoritário.

No sistema libertário todo indivíduo é uma pessoa moral, ou seja, é livre para escolher e agir e é responsável por sua conduta. No sistema autoritário, apenas o chefe supremo é um agente livre, enquanto todos os outros são servos sujeitos ao seu arbítrio. Onde o sistema autoritário se encontra plenamente estabelecido, como foi, por exemplo, no caso do império dos incas na América pré-colombiana, os súditos são humanos meramente num sentido zoológico; virtualmente eles são privados da sua faculdade especificamente humana de escolher e agir e não são responsáveis pela sua conduta. Foi de acordo com esta degradação da dignidade moral do homem que os criminosos nazistas recusaram qualquer responsabilidade pelos seus atos, salientando que tudo o que fizeram foi obedecer às ordens dos seus superiores.

A civilização ocidental está fundamentada no princípio libertário e todas as suas conquistas são o resultado das ações de homens livres. Somente no quadro de uma sociedade livre faz sentido distinguir entre o que é bom e deve ser feito e o que é mau e deve ser evitado. Somente numa sociedade livre como esta o indivíduo tem o poder de escolher entre uma conduta moralmente louvável e uma conduta moralmente repreensível.

O homem não é um ser perfeito e não existe perfeição nos assuntos humanos. As condições na sociedade livre são certamente, em muitos aspectos, insatisfatórias. Ainda há amplo espaço para os esforços daqueles que pretendem combater o mal e elevar o nível moral, intelectual e material da humanidade.

## Socialismo leva ao controle total

Mas os desígnios dos comunistas, dos socialistas e de todos os seus aliados têm outra coisa em mente. Eles querem estabelecer o sistema autoritário. O que eles querem dizer ao exaltar os benefícios derivados daquilo que chamam de "planejamento" é uma sociedade em que todas as pessoas deveriam ser impedidas de planejar a sua própria conduta e de organizar as suas próprias vidas de acordo com as suas próprias convicções morais. Um plano único deveria prevalecer, o plano do grande Estado idolatrado (com e maiúsculo)[78], o plano do chefe supremo do governo, garantido pela polícia. Cada indivíduo deveria ser forçado a renunciar à sua autonomia e a obedecer, sem fazer perguntas, às ordens emitidas pelo Politburo ou pelo *Führer*. Este é o tipo de liberdade que Engels tinha em mente. É precisamente o oposto do que o termo liberdade costumava significar até os nossos tempos.

Foi um grande mérito do Professor Friedrich von Hayek ter direcionado a atenção para o caráter autoritário dos esquemas socialistas, quer sejam defendidos por socialistas internacionalistas ou por socialistas nacionalistas, por ateus ou por crentes equivocados, por fanáticos de pele branca ou de pele escura. Embora sempre tenham existido autores que expuseram o autoritarismo dos desígnios socialistas, as principais críticas ao socialismo centraram-se na sua inadequação econômica e não trataram suficientemente dos seus efeitos na vida dos cidadãos. Devido a esta negligência do ângulo humano da questão, a grande maioria daqueles que apoiam as políticas socialistas assumiram, de maneira vaga, que a restrição da liberdade dos indivíduos por um regime socialista se aplicará "somente" a questões

---

78. Em português, grafamos "Estado" no sentido de nação politicamente organizada, com 'E' maiúsculo, seja esse Estado democrático ou autoritário. (N.R.)

econômicas e não afetará a liberdade em assuntos não relacionados à economia.

Mas como Hayek enfatizou claramente em 1944 no seu livro *The Road To Serfdom* [*O Caminho da Servidão*], o controle econômico não é apenas o controle de um setor da vida humana que pode ser separado do restante; é o controle dos meios para todos os nossos fins. Como o Estado socialista tem o controle exclusivo dos meios, tem o poder de determinar quais os fins que devem ser alcançados e pelos quais os homens livres deverão trabalhar. Não é por acaso que o socialismo marxista na Rússia e o socialismo nacionalista na Alemanha resultaram na abolição completa de todas as liberdades civis e no estabelecimento do despotismo mais rígido. A tirania é o corolário político do socialismo, assim como o governo representativo é o corolário político da economia de mercado.

Agora, o Professor Hayek ampliou e fundamentou as suas ideias num tratado abrangente, *A Constituição da Liberdade*[79]. Nas duas primeiras partes deste livro, o autor fornece uma exposição brilhante do significado da liberdade e dos poderes criativos de uma civilização livre. Endossando a famosa definição que descreve a liberdade como o atendimento ao Estado de Direito[80] e não à vontade volátil dos homens, ele analisa os fundamentos constitucionais e legais de uma comunidade de cidadãos

---

79. HAYEK, F. A. *The Constitution of Liberty*. The University of Chicago Press, 1959.
80. No original: *the rule of law*. (N. T.)

livres. Ele contrasta os dois esquemas de organização social e política da sociedade, o governo pelo povo (governo representativo) baseado na legalidade, e o governo pelo poder discricionário de um governante autoritário ou de uma equipe dominante, um *Obrigkeit* como os alemães costumavam chamar este arranjo. Apreciando plenamente a superioridade moral, prática e material do primeiro modelo, Hayek mostra detalhadamente quais são os requisitos legais de tal estado de coisas e o que deve ser feito para fazê-lo funcionar e defendê-lo contra os ataques de seus inimigos.

## O Estado de Bem-Estar Social leva ao socialismo

Infelizmente, a terceira parte do livro do Professor Hayek é bastante decepcionante. Aqui o autor tenta distinguir entre socialismo e Estado de Bem-Estar Social. O socialismo, alega ele, está em declínio; o Estado de Bem-Estar Social está superando-o. E ele pensa que o Estado de Bem-Estar Social é, sob certas condições, compatível com a liberdade.

Na verdade, o Estado de Bem-Estar Social é apenas um método para transformar passo a passo a economia de mercado em socialismo. O plano original de ação socialista desenvolvido por Karl Marx em 1848 no *Manifesto Comunista* desenhava uma realização gradual do socialismo através de uma série de medidas governamentais. As dez medidas mais poderosas foram enumeradas no *Manifesto* e são bem conhecidas de todos porque são as mesmas medidas que constituem a essência das atividades do Estado de Bem-Estar

Social, da *Sozialpolitik* alemã de Bismarck e do kaiser, bem como do New Deal americano e do socialismo fabiano britânico. O *Manifesto Comunista* clama por estas medidas que ele diz serem "economicamente insuficientes e insustentáveis", mas ele reforça o fato de que "no curso do movimento, [estas medidas] se superam, necessitam de mais incursões na velha ordem social, e são inevitáveis como um meio de revolucionar completamente o modo de produção".

Mais tarde, Marx adotou um método diferente para as políticas do seu partido. Ele abandonou as táticas de uma abordagem gradual para atingir o socialismo completo e, em vez disso, defendeu uma derrubada revolucionária violenta do sistema "burguês" que, de uma só vez, deveria "liquidar" os "exploradores" e estabelecer "a ditadura do proletariado". Foi isto que Lenin fez em 1917 na Rússia e o que a Internacional Comunista planeja alcançar no mundo todo. O que separa os comunistas dos defensores do Estado de Bem-Estar Social não é o objetivo final dos seus esforços, mas os métodos através dos quais pretendem atingir um objetivo que é comum às duas correntes. A diferença de opiniões que os divide é a mesma que distingue o Marx de 1848 do Marx de 1867, ano da primeira publicação do primeiro volume de *O Capital*.

## O FRACASSO DO PLANEJAMENTO ECONÔMICO

Contudo, o fato de o Professor Hayek ter avaliado mal o caráter do Estado de Bem-Estar Social não diminui substantivamente o valor do seu grande livro. A sua análise minuciosa das políticas e preocupações do Estado de Bem-Estar Social mostra a todos os leitores atentos por que e como estas tão elogiadas políticas sempre e inevitavelmente falham. Estas políticas nunca alcançam os fins – supostamente benéficos – que o governo e os autoproclamados progressistas que as defenderam queriam alcançar, mas – pelo contrário – provocam um estado de coisas que – do próprio ponto de vista do governo e daqueles que o apoiam – é ainda menos satisfatório do que a situação anterior que eles queriam "melhorar". Se o governo não revogar a sua primeira intervenção, será induzido a complementá-la com novos atos intervencionistas. À medida que estes falham uma vez mais, recorre-se a ainda mais interferências nos negócios, até que toda a liberdade econômica tenha sido virtualmente abolida. O que surge desta sucessão de intervenções é o sistema de planejamento total e abrangente, isto é, o socialismo do tipo que o Plano Hindenburg alemão visava na Primeira Guerra Mundial e que mais tarde foi posto em prática por Hitler após a sua tomada do poder, e pela Coligação Britânica que liderava o governo na Segunda Guerra Mundial.

O principal erro que impede muitos dos nossos contemporâneos de entender adequadamente o significado dos vários programas partidários e a tendência das políticas de bem-estar social é a sua incapacidade de reconhecer que há, para além da nacionalização total de todas as fábricas e fazendas (como ocorreu na Rússia e na China), um segundo método para a plena realização do socialismo. Sob este sistema que é comumente chamado de "sistema de planejamento" (ou, em tempos de guerra, socialismo de guerra) as várias fábricas e fazendas permanecem exterior e aparentemente como se fosse entidades individuais, mas tornam-se total e incondicionalmente sujeitas às ordens da autoridade suprema de planejamento. Cada cidadão, qualquer que seja a sua posição nominal no sistema econômico, é obrigado a trabalhar em estrita conformidade com as ordens do conselho central de planejamento, e o seu rendimento – a quantia que lhe é permitido gastar para o seu consumo – é exclusivamente determinado por essas ordens. Neste sistema alguns rótulos e termos do sistema capitalista podem ser preservados, mas significam, nestas novas condições, algo completamente diferente do que costumavam significar na economia de mercado. Outros termos podem ser alterados. Assim, na Alemanha de Hitler, o chefe de um grupo que ocupava o lugar do empreendedor ou o do presidente da empresa na economia de mercado era chamado "gerente de loja" (*Betriebsführer*) e os trabalhadores ganharam a alcunha de "seguidores" (*Gefolgschaft*). Como os criadores teóricos deste sistema, por exemplo, o falecido Professor Othmar Spann, salientaram várias vezes, a propriedade privada é mantida somente no nome, quando na verdade existe exclusivamente propriedade pública, isto é, estatal.

    Só prestando plena atenção a estas questões fundamentais é que se pode formar uma apreciação correta das controvérsias políticas nas nações da civilização ocidental. Pois se o socialismo e o comunismo tiverem sucesso nestes países, será o socialismo do esquema de planejamento e não o socialismo do esquema de nacionalização. Este último é um método aplicável a países predominantemente agrícolas, como os da Europa Oriental e da Ásia. Nos países industrializados do Ocidente, o esquema de planejamento é mais popular porque mesmo os estatistas mais fanáticos evitam nacionalizar diretamente o intricado aparelho da indústria manufatureira moderna.

No entanto, o "esquema de planejamento" é tão destrutivo para a liberdade como o "esquema de nacionalização" e ambos conduzem ao Estado autoritário.

O lucro é um produto da mente, do sucesso em antecipar o estado futuro do mercado. É um fenômeno espiritual e intelectual. Os homens devem escolher entre o capitalismo e o socialismo. Eles não podem evitar este dilema recorrendo a um sistema capitalista sem lucro para o empreendedor. Se o controle da produção for transferido das mãos dos empreendedores, eleitos diariamente e em continuação por um votação dos consumidores, para as mãos do comandante supremo, nem o governo representativo nem quaisquer liberdades civis podem sobreviver.

**Lucros e prejuízos**

# IDEIAS

# CAPÍTULO 13
# Minhas contribuições para a Teoria Econômica[81]

Sinto-me enormemente honrado pelo seu amável convite para que eu viesse falar sobre as minhas contribuições para a teoria econômica. Fazer isso não é uma tarefa fácil. Olhando para trás, para o meu trabalho, percebo muito bem que a participação de um indivíduo no total das realizações de um período é realmente pequena, que este homem está em dívida não apenas com os seus antecessores e professores, mas com todos os seus colegas e não menos com os seus pupilos. Sei o quanto devo aos economistas deste país, em particular, já há muitos anos, quando o meu professor Böhm-Bawerk me

---

[81]. Discurso proferido para os professores da faculdade de Economia da Universidade de Nova York, no Faculty Club, em 20 nov. 1940.

chamou a atenção para que eu estudasse os trabalhos de John Bates Clark, Frank A. Fetter e outros autores americanos. E durante todas as minhas atividades, o reconhecimento dado às minhas contribuições pelos economistas americanos me encorajou. Também não posso esquecer que, quando ainda estudante na Universidade de Viena, publiquei uma monografia sobre o desenvolvimento da legislação trabalhista austríaca, um economista americano foi o primeiro que demonstrou interesse por esta publicação. E mais tarde o primeiro estudioso que teve apreço pelo meu *Theory of Money and Credit* [*Teoria da Moeda e do Crédito*] foi novamente um americano, meu ilustre amigo Professor B. M. Anderson, em seu livro *The Value of Money* [*O Valor do Dinheiro*], publicado em 1917.

## Teoria Monetária

Quando comecei a estudar os problemas da teoria monetária existia uma crença geral de que a economia moderna, a da utilidade marginal, era incapaz de lidar com a teoria monetária de uma forma satisfatória. [Karl] Helfferich foi o mais franco dentre aqueles que defenderam essa posição. Em seu *Treatise on Money* [*Tratado sobre a Moeda*], ele tentou estabelecer a teoria de que a análise da utilidade marginal deve necessariamente falhar em suas tentativas de construir uma teoria da moeda.

Este desafio me deu o incentivo para usar os métodos da moderna economia da utilidade marginal no estudo de problemas monetários. Para fazer isso

tive de utilizar uma abordagem radicalmente diferente daquela dos economistas matemáticos que tentam estabelecer as fórmulas da chamada equação de troca.

Ao lidar com tal equação, o economista matemático assume que algo (obviamente, um dos elementos da equação) muda e que mudanças correspondentes nos outros valores devem necessariamente ocorrer. Estes elementos da equação não são itens da economia de um indivíduo, mas categorias de todo o sistema econômico e, consequentemente, as mudanças não ocorrem sobre os indivíduos, mas sobre o sistema econômico como um todo, com a *Volkswirtschaft* [economia nacional] como um todo. Esta forma de pensar é eminentemente irrealista e difere radicalmente do procedimento da cataláxia moderna[82]. É uma volta à forma de raciocínio que levou ao insucesso o trabalho dos mais antigos economistas clássicos. Os problemas monetários são problemas econômicos e precisam ser tratados da mesma forma que todos os outros problemas econômicos. O economista monetário não tem de lidar com entidades universais como o volume de comércio, que significa o volume total de comércio, ou a quantidade de dinheiro, que significa todo o dinheiro que atualmente está presente em todo o sistema econômico. Menos ainda ele pode usar a

---

82. Cataláxia é o nome da ciência das trocas, o "ramo do conhecimento é investigar os fenômenos do mercado, isto é, a determinação da relação de troca dos bens e serviços negociados no mercado, sua origem na ação humana e seus efeitos nas ações posteriores". MISES, L. V. *Ação Humana*. São Paulo: LVM Editora, 4ª ed. 2023.

metáfora turva da "velocidade de circulação". Ele tem de compreender que a demanda por dinheiro surge das preferências dos indivíduos numa sociedade de mercado. Como todo mundo deseja ter uma certa quantia de dinheiro, às vezes mais, às vezes menos, há demanda por dinheiro. O dinheiro nunca está simplesmente no sistema econômico, o dinheiro nunca está simplesmente circulando. Todo o dinheiro disponível está sempre no caixa de alguém. Cada moeda pode um dia – às vezes com mais frequência, às vezes com menos frequência – passar do caixa de um homem para o caixa de outro. Mas a todo momento o dinheiro pertence a alguém e faz parte do caixa de alguém. As decisões dos indivíduos relativamente à magnitude da sua reserva de dinheiro, as suas escolhas entre a desutilidade de ter mais dinheiro em reserva e as suas vantagens constituem o fator último na formação do poder de compra.

Mudanças na oferta de dinheiro ou na demanda por ele nunca podem ocorrer para todos os indivíduos ao mesmo tempo e na mesma medida e, portanto, nunca afetam os julgamentos de valor e o comportamento destes indivíduos enquanto compradores e vendedores no mesmo grau. Portanto, as alterações nos preços não afetam todas as mercadorias ao mesmo tempo e no mesmo nível. A fórmula demasiado simples, tanto da teoria quantitativa primitiva como dos economistas matemáticos contemporâneos, segundo a qual os preços, isto é, todos os preços, aumentam ou diminuem na proporção do aumento ou diminuição da quantidade de dinheiro, é absolutamente errada.

Devemos estudar as alterações monetárias como alterações que ocorrem primeiro apenas para alguns grupos de indivíduos e que se espalham lentamente por todo o sistema econômico, na medida em que a demanda adicional dos primeiros beneficiados atinge outras classes de indivíduos. Só desta forma poderemos obter uma visão realista das consequências sociais das mudanças na base monetária.

## O CICLO ECONÔMICO

Tomando o que foi dito antes como ponto de partida, desenvolvi uma teoria geral da moeda e do crédito e tentei explicar o ciclo econômico como um fenômeno de crédito. Esta teoria, que hoje é denominada teoria monetária ou, por vezes, teoria austríaca do ciclo econômico, levou-me a fazer algumas críticas ao sistema de crédito [então] vigente na Europa continental, especialmente o alemão. Os leitores inicialmente ficaram mais interessados no meu julgamento pessimista das tendências da política do banco central alemão e nas minhas previsões pessimistas, nas quais ninguém acreditava em 1912, até que, alguns anos mais tarde, as coisas se revelaram muito piores do que eu havia previsto. É o destino do economista que as pessoas estejam mais interessadas nas suas conclusões do que nas suas explicações, e que relutem em abandonar uma política cujos resultados indesejados, mas inevitáveis, o economista havia demonstrado.

## O CÁLCULO ECONÔMICO SOB O SOCIALISMO

Dos meus estudos sobre problemas monetários e de crédito, que mais tarde me estimularam a fundar o Instituto Austríaco de Investigação do Ciclo Econômico[83], cheguei ao estudo do problema do cálculo econômico numa comunidade socialista. No meu ensaio sobre o cálculo econômico num mundo socialista, publicado pela primeira vez em 1920, e mais tarde no meu livro *O Socialismo: uma análise econômica e sociológica*[84], provei que um sistema econômico onde não existe propriedade privada dos meios de produção não poderia encontrar qualquer critério para determinar os valores dos fatores de produção e, portanto, era incapaz de calcular. Desde que tratei deste tema pela primeira vez, muitas dezenas de livros e muitas centenas de artigos publicados em diferentes línguas trataram do problema; apesar de toda essa discussão, minha tese permanece sem refutação. O tratamento dos problemas relacionados com a planificação, evidentemente planejamento total e socialização, ganhou uma direção completamente nova pela indicação deste como o ponto crucial.

## Existe um caminho do meio?

Partindo do estudo comparativo das características essenciais tanto da economia capitalista como da

---

83. No original: "Austrian Institute of Business Cycle Research" ou Österreichisches Institut für Wirtschaftsforschung, WIFO. O nome original alemão está ativo até os dias atuais e pode ser encontrado em: https://www.wifo.ac.at/. (N. T.)

84. São Paulo: Ed. Konkin, 2022.

economia socialista, cheguei ao problema relacionado de saber se, além destes dois sistemas imagináveis de cooperação social, isto é, a propriedade privada dos meios de produção e a propriedade pública destes meios, existe um terceiro possível sistema social. Uma terceira solução como esta, um sistema cujos proponentes afirmam não ser nem o socialismo nem o capitalismo, mas sim a meio caminho entre ambos e, assim, ser capaz de evitar as desvantagens de cada um e reter as vantagens de ambos, tem sido sugerida repetidamente. Tentei examinar as implicações econômicas destes sistemas de interferência governamental e demonstrar que eles nunca poderão atingir os fins que as pessoas desejam alcançar com a sua implementação. Mais tarde ampliei o campo da minha pesquisa para incluir os problemas do *stato corporativo*, a panaceia recomendada pelo fascismo.

### Ação humana

A preocupação com todos estes problemas tornou necessária uma abordagem à questão dos valores e fins da atividade humana. A acusação dos sociólogos de que os economistas lidam somente com um "homem econômico" irrealista não poderia mais ser suportada. Tentei demonstrar que os economistas nunca foram tão estúpidos como os seus críticos acreditavam. Os preços, cuja formação procuramos explicar, ocorrem em função da demanda e não faz qualquer diferença que tipo de motivos levaram os envolvidos àquela transação. Não importa se os motivos daqueles que desejam comprar são egoístas ou altruístas, morais ou imorais, patrióticos ou antipatrióticos. A economia lida com os meios escassos usados para atingir os fins, independentemente da qualidade dos fins. Os fins estão além do âmbito da racionalidade, mas toda ação de um ser consciente dirigida a um objetivo específico é necessariamente racional. É inútil condenar a economia porque ela é racional e lida com a racionalidade. Claro, a ciência é sempre racional.

No meu tratado sobre teoria econômica[85], publicado em alemão em Genebra há alguns meses (uma edição em inglês será publicada num futuro próximo[86]) lidei não apenas com problemas econômicos de uma sociedade de mercado, mas também com os problemas econômicos ocorridos em todos os outros tipos imagináveis de cooperação social. Penso que isto seja indispensável num mundo onde estão em jogo os princípios fundamentais da organização econômica.

No meu tratado tento considerar o conceito de equilíbrio estático apenas como instrumental e fazer uso desta abstração puramente hipotética apenas como um meio de abordar a compreensão de um mundo em constante mudança. Uma das deficiências de muitos teóricos de economia é o fato de terem esquecido o propósito por detrás da introdução deste conceito

---

85. *Nationalökonomie, Theorie des Handelns und Wirtschaftens*. Genebra: Éditions Union, maio de 1940.
86. *Human Action* foi inicialmente publicado pela Yale University Press em 1949, e é um livro totalmente reescrito, e não uma tradução de *Nationaloekonomie* de 1940. (BBG)

hipotético na análise econômica que fazemos. Não podemos deixar de lado esta noção de um mundo onde não há mudança; mas temos de utilizar esta noção apenas para estudar as mudanças e as suas consequências, ou seja, para o estudo do risco e da incerteza e, portanto, dos lucros e prejuízos.

## Acumulação de capital e teoria dos juros

O resultado lógico desta visão é a desintegração de algumas interpretações míticas de entidades econômicas. O uso quase metafísico de termos como "capital" tem de ser evitado. Não há na natureza nada que corresponda aos termos capital ou renda. Existem diferentes mercadorias, bens de produção e bens de consumo; é a intenção dos indivíduos ou de grupos que agem que transforma alguns bens em capital e outros em renda. A manutenção do capital ou a acumulação de novo capital é sempre o resultado de uma ação consciente por parte dos indivíduos que restringem o seu consumo a limites que não reduzem o valor do estoque disponível. É um erro assumir a imutabilidade do estoque de capital como algo natural que não requer atenção especial. A este respeito, tenho de discordar das opiniões de um dos mais eminentes economistas do nosso tempo, o Professor Knight, de Chicago.

O ponto fraco da teoria böhm-bawerkiana [do capital e dos juros] não é, como acredita o professor Knight, a inútil introdução do conceito de período de produção. É uma deficiência mais grave que Böhm-Bawerk reverta aos erros da chamada teoria da produtividade. Tal como o Professor Fetter, de Princeton, procurei eliminar este erro na teoria baseando a explicação dos juros apenas na preferência temporal.

Pode-se conhecer a validade de qualquer teoria econômica, de acordo com um ditado popular, pelo seu tratamento do ciclo econômico. Tentei não só reafirmar a teoria monetária do ciclo econômico, mas também demonstrar que todas as outras explicações existentes não são capazes de evitar a utilização do argumento principal desta teoria. É claro que o *boom* significa um movimento ascendente dos preços ou pelo menos uma compensação pelas tendências que conduzem à queda dos preços, e para explicar isto é necessário postular uma oferta crescente de crédito ou de dinheiro.

## O PAPEL DO ECONOMISTA: DESAFIAR O ERRO ECONÔMICO

Em todas as partes do meu tratado tento levar em consideração o peso relativo que devo atribuir aos diferentes fatores institucionais e aos diferentes dados econômicos. Discuto também as objeções levantadas não só por diferentes escolas teóricas, mas também por aqueles que negam a possibilidade de qualquer ciência econômica. O economista tem de responder àqueles que acreditam que não existe uma ciência universalmente válida da sociedade, que duvidam da unidade da lógica e da experiência humanas e tentam substituir o que chamam de conhecimento internacional e, portanto, como dizem, conhecimento vão, por doutrinas que representam o ponto de vista peculiar de sua própria classe, nação ou raça. Não temos o direito de deixar estas pretensões passarem sem contestação, mesmo que tenhamos de afirmar verdades que nos parecem óbvias. Mas às vezes é necessário repetir verdades porque nos deparamos constantemente com exemplos de velhos erros.

# CAPÍTULO 14
# Ensinando Economia nas universidades[87]

Há poucos anos, um subcomitê de publicidade e propaganda da Câmara dos Deputados dos EUA, sob a presidência do deputado Forest A. Harness, investigou operações de propaganda federais. Em uma ocasião, o comitê teve como testemunha um médico funcionário do governo. Quando questionado se os seus discursos públicos em todo o país apresentavam os dois lados da discussão sobre o seguro de saúde nacional obrigatório, esta testemunha respondeu: "Não sei o que o senhor quer dizer com 'os dois lados'".

Esta resposta ingênua esclarece o estado de espírito das pessoas que tem orgulho em se autodenominar intelectuais progressistas. Eles simplesmente não imaginam que qualquer argumento possa ser

---

87. Publicado originalmente em The Freeman, 7 abr. 1952, com o título "Our Leftist Economic Teaching" ["Nosso ensino esquerdista de Economia"]. Republicado com a permissão da Foundation for Economic Education. (BBG)

apresentado contra os vários estratagemas que eles estão sugerindo. Na sua opinião, todas as pessoas, sem questionar, devem apoiar todos os projetos que visam um controle cada vez maior do governo sobre todos os aspectos da vida e da conduta do cidadão. Eles nunca tentam responder às objeções levantadas contra as suas doutrinas. Eles preferem, como fez recentemente a Sra. Eleanor Roosevelt em sua coluna, chamar de desonestos aqueles com os quais não concordam.

Muitos cidadãos de posição importante responsabilizam as instituições de ensino pela propagação desta intolerância. Estes cidadãos criticam duramente a forma como a economia, a filosofia, a sociologia, a história e a ciência política são ensinadas na maioria das universidades e faculdades norte-americanas. Eles culpam muitos professores por doutrinarem os seus alunos com as ideias do planeamento central e total, do socialismo e do comunismo. Alguns daqueles que são atacados desta forma tentam negar que tenham qualquer responsabilidade. Outros, percebendo a futilidade deste modo de defesa, gritam aos quatro ventos contra a "perseguição" e violação da "liberdade acadêmica".

No entanto, o que deixa a desejar sobre as atuais condições acadêmicas – não só neste país, mas na maioria das nações estrangeiras – não é o fato de muitos professores estarem comprometidos de forma cega com as falácias veblenianas, marxistas e keynesianas, e tentarem convencer os seus alunos de que não há objeções sustentáveis que possam ser levantadas contra o que denominam de políticas progressistas. Antes disso, o mal reside no fato de as declarações destes professores não serem contestadas por qualquer crítica na esfera acadêmica. Os pseudoliberais monopolizam os empregos docentes em muitas universidades. Apenas os homens que concordam com eles conseguem cargos de professores e instrutores de ciências sociais, e apenas os livros didáticos que apoiam as suas ideias são usados. A questão essencial não é como se livrar de professores ineptos e de livros-texto de má qualidade. É como dar aos estudantes a oportunidade de ouvir algo sobre as ideias dos economistas que rejeitam os princípios dos intervencionistas, inflacionistas, socialistas e comunistas.

## Métodos dos professores "progressistas"

Ilustremos o assunto revendo um livro publicado recentemente. Um professor da Universidade de Harvard edita, com o apoio de um comitê consultivo cujos membros são todos, como ele, professores de economia da Universidade de Harvard, uma série de livros-texto de nível universitário chamada *Economics Handbook Series*. Nesta série foi publicado um volume sobre o socialismo. O autor, Paul M. Sweezy, abre seu prefácio com a declaração de que o livro "foi escrito do ponto de vista de um socialista". O editor da série, Professor Seymour E. Harris, em sua introdução, vai um passo além ao afirmar que o "ponto de vista do autor está mais próximo daquele do grupo que determina a política soviética do que daquele que agora [em 1949] detém o controle do governo em Grã-Bretanha". Esta é uma descrição moderada do fato de o volume ser, da primeira à última página, um elogio ao sistema soviético sem que se ofereça alguma crítica.

É obviamente perfeitamente legítimo que o Dr. Sweezy escreva tal livro e que os professores o editem e publiquem. Os Estados Unidos são um país livre – um dos poucos países livres que restam no mundo – e a Constituição e as suas alterações concedem a todos o direito de pensar como quiserem e de publicarem o que pensam. Na verdade, Sweezy prestou involuntariamente um grande serviço ao público que tem discernimento. Pois o seu volume mostra claramente a todos os leitores criteriosos, familiarizados com a economia, que os mais eminentes defensores do socialismo estão perdendo o juízo, não sabem como apresentar qualquer argumento plausível a favor do seu credo e estão totalmente perdidos para refutar qualquer uma que seja das sérias objeções que foram levantadas sobre a doutrina que defendem.

Mas o livro não foi concebido para estudiosos perspicazes e bem familiarizados com as ciências sociais. É, como enfatiza a introdução dos editores, escrito para o leitor em geral, a fim de popularizar ideias e, especialmente, também para uso em sala de aula. Leigos e estudantes que não sabem nada ou sabem muito pouco sobre os problemas envolvidos no tema extrairão daquele livro todo o seu conhecimento sobre o socialismo. Falta-lhes a familiaridade com teorias e fatos que lhes permita formar uma opinião independente sobre as diversas doutrinas expostas pelo autor. Estes leitores aceitarão todas as suas teses e descrições como ciência e sabedoria incontestáveis. Como puderam ser tão presunçosos a ponto de duvidar da confiabilidade de um livro, escrito, como diz a introdução, por uma "autoridade" na área e patrocinado por um comitê de professores da venerável Harvard!

A deficiência do comitê responsável pelo livro não reside no fato de terem publicado tal livro, mas no fato de a sua série conter apenas este livro sobre o socialismo. Se tivessem, juntamente com o livro do Dr. Sweezy, publicado outro volume analisando criticamente as ideias comunistas e as conquistas dos governos socialistas, ninguém poderia culpá-los por disseminarem o comunismo. A decência deveria tê-los forçado a dar aos críticos do socialismo e do comunismo a mesma oportunidade de apresentarem os seus pontos de vista aos estudantes das universidades e faculdades, como deram ao Dr. Sweezy.

Em cada página do livro do Dr. Sweezy encontramos declarações realmente surpreendentes. Assim, ao lidar com o problema dos direitos civis sob um regime socialista, ele simplesmente equipara a Constituição Soviética à Constituição Americana. Ele declara:

> São geralmente aceitas como a declaração dos ideais que devem orientar as ações tanto do Estado quanto de cada cidadão. O fato de estes ideais nem sempre serem cumpridos – quer na União Soviética quer nos Estados Unidos – é certamente tão verdadeiro e importante; mas isso não significa que não eles não existam ou que possam ser ignorados, muito menos que eles possam ser transformados no seu oposto.

Deixando de lado a maior parte do que poderia ser discutido para demolir este raciocínio, é necessário compreender que a Constituição Americana não é apenas um ideal, mas a lei válida do país. Para evitar que se torne letra morta, existe um poder judiciário independente que culmina na Suprema Corte. Sem esse guardião da lei e da legalidade, qualquer lei pode ser e será ignorada e transformada no seu oposto. O Dr. Sweezy nunca se deu conta dessa nuance? Será que ele realmente acredita que os milhões que definham nas prisões e campos de trabalhos forçados soviéticos podem invocar o *habeas corpus*?

Preciso dizer novamente: o Dr. Sweezy tem o direito – precisamente porque a *Bill of Rights* [*Declaração de Direitos*] americana não é apenas um ideal, mas uma lei constantemente aplicada – de transformar cada fato no seu oposto. Mas os professores que elogiam os soviéticos para os seus alunos sem os informar sobre as opiniões dos adversários do socialismo não devem recorrer ao subterfúgio de dizer que estão sofrendo caça às bruxas se forem criticados.

O Professor Harris, na sua introdução, afirma que "aqueles que temem a influência indevida deste volume podem ser encorajados por um próximo volume sobre o capitalismo nesta série, escrito por alguém tão dedicado à iniciativa privada como o Dr. Sweezy é ao socialismo". Este [próximo volume], escrito pelo professor David McCord Wright, da Universidade da Virgínia, foi publicado. O volume do Dr. Writh trata de maneira indireta do socialismo e tenta desmontar algumas pequenas falácias socialistas, como a doutrina do desaparecimento do Estado, uma doutrina que mesmo os autores soviéticos mais fanáticos relegam hoje a uma posição insignificante. Mas certamente o livro do Dr. Wright não pode ser considerado um substituto satisfatório, ou mesmo um substituto, para um exame minuciosamente crítico de todo o conjunto de ideias socialistas e comunistas e do lamentável fracasso de todas as experiências socialistas.

Alguns dos professores tentam refutar as acusações de intolerância ideológica levantadas contra as suas universidades e buscam demonstrar a sua própria imparcialidade convidando ocasionalmente um estranho dissidente para falar para seus alunos. Isso é uma mera cortina de fumaça. Uma hora de economia sólida contra vários anos de doutrinação de erros! Este autor pode citar a carta na qual recusou tal convite:

> O que torna impossível para mim apresentar o funcionamento da economia de mercado numa curta palestra – seja de cinquenta minutos ou duas vezes cinquenta minutos – é o fato de as pessoas, influenciadas pelas ideias predominantes sobre os problemas econômicos, estarem cheias de opiniões erradas no que se refere a este sistema. Elas estão convencidas de que as depressões econômicas, o desemprego em massa, os monopólios, o imperialismo agressivo e as guerras, e a pobreza da maior parte da humanidade, são causados pelo funcionamento livre do modo de produção capitalista.

Se um palestrante não eliminar cada um desses dogmas, a impressão deixada no público será insatisfatória. Agora, demolir qualquer um deles requer muito mais tempo do que o que me foi atribuído no seu programa. Os ouvintes pensarão: "Ele não se referiu a isso" ou "Ele fez apenas algumas observações casuais sobre isso". A minha palestra apenas reforçaria a má compreensão do sistema capitalista que eles já tem. Se fosse possível expor o funcionamento do capitalismo em uma ou duas falas curtas, seria uma perda de tempo manter os estudantes de economia durante vários anos nas universidades. Seria difícil explicar por que livros volumosos têm de ser escritos sobre esse assunto. São essas razões que me levam a recusar, ainda que de maneira relutante, seu generoso convite.

## A SUPOSTA IMPARCIALIDADE DAS UNIVERSIDADES

Os professores pseudo-progressistas defendem sua política de impedir o acesso a cargos docentes a todos aqueles que eles consideram como reacionários antiquados, chamando estes homens de tendenciosos.

A referência ao preconceito fica completamente deslocada se o acusador não estiver em condições de demonstrar claramente em que consiste a deficiência da doutrina do autor acusado. A única coisa que importa é se uma doutrina é sólida ou não. Isto deve ser estabelecido por fatos e raciocínio dedutivo. Se nenhum argumento sustentável puder ser apresentado para invalidar uma teoria, isso não diminuirá em nada sua correção se o autor for achincalhado. Se, por outro lado, a falsidade de uma doutrina já foi claramente demonstrada por uma cadeia lógica de raciocínio irrefutável, não há necessidade de chamar o seu autor de tendencioso.

Um biógrafo pode tentar explicar erros da pessoa sobre cuja vida ele está escrevendo, e pode fazer isso rastreando tais erros até sua origem no preconceito. Mas tal interpretação psicológica é irrelevante nas discussões relativas à correção ou falsidade de uma teoria. Os professores que chamam de tendenciosos aqueles de quem discordam apenas confessam a sua incapacidade de descobrir qualquer falha nas teorias dos seus adversários.

Muitos professores "progressistas" trabalharam durante algum tempo em alguma das várias agências governamentais. As tarefas que lhes foram confiadas nos gabinetes eram, em regra, apenas acessórias. Eles compilaram estatísticas e escreveram memorandos que seus superiores, sejam políticos ou então administradores das empresas, arquivaram sem ler. Os professores não incutiram espírito científico nas agências. Mas as agências deram-lhes a mentalidade do autoritarismo. Eles desconfiam da população e consideram o Estado (com E maiúsculo) como o guardião enviado por Deus aos miseráveis a ele subordinados. Só o governo é imparcial e livre de vieses. Quem quer que se oponha a qualquer expansão dos poderes governamentais é, desta forma, desmascarado como um inimigo do bem comum. É claro que este tipo de pessoa "odeia" o Estado.

Ora, se um economista se opõe à socialização das indústrias, ele não "odeia" o Estado. Ele simplesmente declara que a comunidade é melhor servida pela propriedade privada dos meios de produção do que pela propriedade pública. Ninguém pode fingir que a experiência com empresas nacionalizadas contradiz esta opinião.

Outro preconceito tipicamente burocrático que os professores adquiriram em Washington é chamar de "negativismo" as atitudes daqueles que se opõem aos controles governamentais e à criação de novas agências estatais. À luz desta terminologia, tudo o que foi alcançado pelo sistema americano de empresa privada é apenas "negativo"; só as agências estatais são "positivas".

Existe, além disso, a antítese espúria "planejar ou não planejar". Apenas o planejamento governamental totalitário que reduz os cidadãos a meros peões sujeitos aos desígnios da burocracia é chamado planejamento. Os planos dos cidadãos individuais são simplesmente "sem planejamento". Que semântica!

## Como a história moderna é ensinada

O intelectual progressista considera o capitalismo o mais horrendo de todos os males. Os seres humanos, afirma ele, viviam bastante felizes nos bons e velhos tempos. Mas então, como disse um historiador britânico, a Revolução Industrial "veio como uma guerra ou uma praga" sobre os povos. A "burguesia" converteu a abundância em escassez. Alguns magnatas desfrutam de todos os luxos. Mas, como o próprio Marx observou, o trabalhador "afunda cada vez mais" porque a burguesia é "incompetente para assegurar uma existência para os seus escravos dentro da escravatura".

Piores ainda são os efeitos intelectuais e morais do modo de produção capitalista. Existe apenas um meio, acredita o progressista, de libertar a humanidade da miséria e degradação produzidas pelo *laissez-faire* e pelo individualismo rude, qual seja, adotar o planejamento central, o sistema que os russos estão experimentando com sucesso. É verdade que os resultados obtidos pelos soviéticos ainda não são totalmente satisfatórios. Mas estas deficiências foram causadas apenas pelas condições peculiares da Rússia. O Ocidente evitará as armadilhas dos russos e realizará o Estado de Bem-Estar Social sem as características meramente acidentais que o desfiguraram na Rússia e na Alemanha de Hitler.

É esta a filosofia ensinada na maioria das faculdades atualmente, e também propagada por romances e peças de teatro. É esta doutrina que orienta as ações de quase todos os governos dos nossos dias. O "progressista" americano sente vergonha do que chama de atraso social do seu país. Ele considera que é um dever dos Estados Unidos subsidiar governos socialistas estrangeiros de maneira generosa, a fim de permitir que estes governos possam prosseguir com os seus ruinosos empreendimentos socialistas. Aos olhos desse indivíduo, o verdadeiro inimigo do povo americano são as grandes empresas, isto é, as empresas que proporcionam ao homem comum americano o mais elevado padrão de vida já alcançado na história.

Ele considera cada passo dado no caminho rumo ao controle total dos negócios como um progresso. Ele difama todos aqueles que insinuam os efeitos perniciosos do desperdício, dos déficit público e do consumo de capital como reacionários, monarquistas econômicos e fascistas. Ele nunca menciona os produtos novos ou melhorados que as empresas quase todos os anos disponibilizam e tornam acessíveis para as massas. Mas ele fica em êxtase com as realizações bastante questionáveis da Tennessee Valley Authority [Autoridade do Vale do Tennessee], cujo déficit é compensado cobrando impostos das grandes empresas.

Os expositores mais apaixonados desta ideologia estão nos departamentos de história, ciência política, sociologia e literatura das universidades. Os professores destes departamentos têm a vantagem, ao tratarem sobre questões econômicas, de estarem falando de um assunto com o qual não estão nada familiarizados. Isto é especialmente alarmante no caso dos historiadores. A forma como a história dos últimos duzentos anos tem sido tratada é realmente um escândalo. Só recentemente eminentes estudiosos começaram a desmascarar as falácias grosseiras de Lujo Brentano, dos Webb, dos Hammond, de Tawney, de Arnold Toynbee, de Elie Halévy, dos Beard e de outros autores. Na última reunião da Mont Pèlerin Society, o ocupante da cátedra de história econômica da London School of Economics, Professor T. S. Ashton, apresentou um artigo no qual salientava que as opiniões comumente aceitas sobre os desenvolvimento econômico do século

XIX "não são informadas por qualquer lampejo de sentido econômico". Os historiadores torturaram os fatos quando inventaram a lenda de que "a forma dominante de organização sob o capitalismo industrial, a fábrica, surgiu das demandas e exigências, não das pessoas comuns, mas dos ricos e dos que comandam".

A verdade é que o traço característico do capitalismo foi e é a produção em massa para as necessidades das massas. Sempre que as fábricas, através de seus métodos de produção em massa impulsionado por sistemas movidos a energia, invadiram um novo ramo de produção, elas começaram com produtos baratos para as grandes massas. As fábricas só se voltaram para a produção de mercadorias mais requintadas e, portanto, mais caras, numa fase posterior, quando a melhoria sem precedentes que tinham causado no nível de vida das massas tornou razoável aplicar os métodos de produção em massa também a artigos de maior qualidade. As grandes empresas atendem às necessidades de muitos; elas dependem exclusivamente do consumo de massa.

Na sua qualidade de consumidor, o homem comum é o soberano cujo ato de comprar ou abster-se de comprar decide o destino das atividades empreendedoras. O "proletário" é o tão falado *cliente*, que *sempre tem razão*.

O método mais popular de depreciar o capitalismo é torná-lo responsável por todas as condições consideradas insatisfatórias. A tuberculose e, até há poucos anos, a sífilis, eram chamadas de doenças do capitalismo. A indigência de dezenas de milhões de pessoas em países como a Índia, que *não adotou* o capitalismo, é atribuída ao capitalismo. É um fato triste que as pessoas fiquem debilitadas na velhice e acabem por falecer. Mas isto acontece não só com os vendedores, mas também com os empregadores, e isto não foi menos trágico nas eras pré-capitalistas do que é sob o capitalismo. A prostituição, o vício em álcool e em outras drogas são todas chamadas de vícios capitalistas.

Sempre que as pessoas discutem os alegados delitos dos capitalistas, um professor instruído ou um artista sofisticado refere-se aos elevados rendimentos das estrelas de cinema, dos boxeadores e lutadores de luta livre. Mas quem contribui mais para tais rendimentos, os milionários ou os "proletários"?

É preciso admitir que os piores excessos nesta propaganda contrária ao capitalismo não são cometidos pelos professores de economia, mas pelos professores das outras ciências sociais, pelos jornalistas, escritores e por vezes até pelos ministros [religiosos]. Mas a fonte de onde brotam todos os slogans deste fanatismo tresloucado são os ensinamentos transmitidos pela escola "institucionalista" de políticas econômicas. Todos estes dogmas e falácias podem, em última análise, ser atribuídos a doutrinas alegadamente econômicas.

### A PROIBIÇÃO DA ECONOMIA SÓLIDA[88]

Os marxistas, keynesianos, veblenianos e outros "progressistas" sabem muito bem que suas doutrinas não suportam qualquer análise crítica. Eles estão

---

88. No original: *sound economics*. (N. T.)

plenamente cientes do fato de que um representante da economia sólida no seu departamento anularia todos os seus ensinamentos. É por isso que fazem tanto esforço para impedir a todos os "ortodoxos" o acesso às fortalezas da sua "neo-ortodoxia".

A pior consequência desta proibição de uma economia sólida nas universidades é o fato de jovens graduados de talento acabarem por evitar a carreira de economista acadêmico. Eles não querem ser boicotados por universidades, revisores de livros e editoras. Eles preferem entrar no mundo dos negócios ou exercer a advocacia, onde seus talentos serão apreciados de maneira justa. São principalmente aqueles que vão com a maré, aqueles que não têm interesse em descobrir as deficiências da doutrina oficial, que aspiram aos cargos docentes. Restam poucos homens competentes para ocupar o lugar dos grandes estudiosos que morrem ou atingem a idade de aposentadoria. Entre a nova geração de professores dificilmente há sucessores dignos de economistas como Frank A. Fetter e Edwin W. Kemmerer, de Princeton, Irving Fisher, de Yale, e Benjamin M. Anderson, da Califórnia.

Só existe uma maneira de remediar esta situação. Os verdadeiros economistas devem ter nas nossas faculdades a mesma oportunidade que só os defensores do socialismo e do intervencionismo desfrutam hoje. Isto certamente não é pedir muito, isto é, desde que este país ainda não tenha se tornado totalitário.

## CAPÍTULO 15
# As chances políticas do liberalismo genuíno[89]

A perspectiva de muitos eminentes defensores do liberalismo genuíno é hoje bastante pessimista. Na sua opinião, os slogans vis dos socialistas e intervencionistas recebem uma melhor resposta das massas do que o raciocínio frio e direto de homens criteriosos. A maioria dos eleitores são apenas pessoas com pouca instrução e mentalmente inertes que não gostam de pensar e são facilmente ludibriadas pelas promessas sedutoras de faladores irresponsáveis. Os complexos de inferioridade subconscientes e a inveja empurram as pessoas para os partidos de esquerda. Estas pessoas se alegram com as políticas de confisco da maior parte do rendimento e da riqueza dos empreendedores bem-sucedidos,

---
89. Publicado originalmente em Farmand, 7 fev. 1951, Oslo, Noruega. (BBG)

e o fazem sem compreenderem o fato de que essas políticas prejudicam os seus próprios interesses materiais. Desconsiderando todas as objeções levantadas pelos economistas, elas acreditam firmemente que podem obter muitas coisas boas em troca de nada. Mesmo nos Estados Unidos, as pessoas, embora desfrutem do mais elevado padrão de vida já alcançado na história da humanidade, condenam o capitalismo como uma vil economia de escassez e se entregam a devaneios sobre uma economia de abundância, em que todas as pessoas terão acesso a tudo "de acordo com a sua necessidade". A defesa da liberdade e da prosperidade material é inútil. O futuro pertence aos demagogos que nada mais sabem do que destruir o capital acumulado pelas gerações anteriores. A humanidade está mergulhando no retorno à idade das trevas. A civilização ocidental está condenada.

## As ideias das massas vêm dos intelectuais

O principal erro deste pessimismo generalizado é a crença de que as ideias e políticas destruidoras da nossa época surgiram dos proletários e são uma "revolta das massas". Na verdade, as massas, precisamente porque não são criativas e não desenvolvem filosofias próprias, seguem os líderes. As ideologias que produziram todos os males e catástrofes do nosso século não são uma conquista da multidão. Eles são a façanha de pseudoestudiosos e pseudointelectuais. Elas foram propagadas a partir das cátedras das universidades e do púlpito, foram divulgados pela imprensa, por romances e peças de teatro, e pelo cinema e pelo rádio. Os intelectuais converteram as massas ao socialismo e ao intervencionismo. Estas ideologias devem o poder que têm hoje ao fato de todos os meios de comunicação terem sido entregues àqueles que as apoiam e quase todos os dissidentes terem sido virtualmente silenciados. O que é necessário para reverter a inundação é mudar a mentalidade dos intelectuais. Então as massas seguirão o exemplo.

Além disso, não é verdade que as ideias do liberalismo genuíno sejam complicadas demais para apelar à mente inculta do eleitor médio. Não é uma tarefa impossível explicar aos assalariados que o único meio de aumentar os salários *de todos aqueles que desejam encontrar emprego e ganhar salários* é aumentar a proporção *per capita* de capital investido. Os pessimistas subestimam as capacidades mentais do "homem comum" quando afirmam que ele não consegue compreender as consequências desastrosas das políticas que resultam no consumo de capital. Porque é que todos os "países subdesenvolvidos" pedem ajuda americana e capital americano? Por que, ao invés disso, eles não buscam ajuda da Rússia socialista?

### Programas governamentais aumentam os preços

O ápice das políticas de todos os partidos e governos que se autodenominam progressistas é aumentar artificialmente os preços das mercadorias mais necessárias aos indivíduos acima do nível que teriam alcançado nos mercados do capitalismo *laissez-faire* sem intervenção. Apenas uma fração muito pequena do povo americano está interessada na preservação de um preço alto para o açúcar. A imensa maioria dos eleitores americanos são compradores e consumidores, e não produtores e vendedores de açúcar. No entanto, o governo americano está firmemente empenhado em manter uma política de altos preços para o açúcar, restringindo rigorosamente tanto a importação de açúcar do exterior como a produção interna. Políticas semelhantes são adotadas em relação aos preços do pão, da carne, da manteiga, dos ovos, das batatas, do algodão e de muitos outros produtos agrícolas. É um grave erro chamar indiscriminadamente a este procedimento uma política pró-agricultores. Menos de um quinto da população total dos Estados Unidos depende da agricultura para viver. Ainda assim, os interesses destas pessoas no que diz respeito aos preços dos vários produtos agrícolas não são idênticos. O leiteiro não quer um preço alto, mas sim um preço baixo para o trigo, a forragem, o açúcar e o algodão. Os proprietários de aviários são prejudicados pelos altos preços de qualquer produto agrícola, exceto galinhas e ovos. É óbvio que os produtores de algodão, uvas, laranjas, maçãs, toranjas e amoras são prejudicados por um sistema que aumenta os preços dos alimentos básicos. A maioria dos itens da chamada política pró--agrícola favorece apenas uma minoria da população total que trabalha na agricultura, em detrimento da maioria, não só da população que não trabalha neste ramo, mas também da população que trabalha.

As coisas não são diferentes noutros campos. Quando os ferroviários ou os trabalhadores da construção civil, apoiados por leis e práticas administrativas que são reconhecidamente contrárias aos seus empregadores, se entregam a práticas que obrigam os empregadores a contratar mais empregados que o necessário[90] e outros dispositivos alegadamente destinados a "criar mais empregos", os trabalhadores estão espoliando injustamente a imensa maioria dos seus concidadãos. Os sindicatos dos editores aumentam os preços dos livros e jornais e afetam assim todas as pessoas que desejam ler e aprender. As chamadas políticas pró-laborais provocam um estado de coisas em que cada grupo de assalariados pretende melhorar as suas próprias condições à custa dos consumidores, isto é, da enorme maioria.

Ninguém sabe hoje se ganha mais com as políticas que favorecem o grupo ao qual pertence do que perde com as políticas que favorecem todos os outros grupos. Mas é certo que todos são afetados negativamente pela queda geral na produtividade do esforço industrial e da produção que estas políticas alegadamente benéficas inevitavelmente provocam.

Até há alguns anos, os defensores destas políticas inadequadas tentavam defendê-las, salientando que a sua incidência apenas reduz a riqueza e os rendimentos dos ricos e beneficia as massas à custa exclusiva dos

---

90. Em inglês há um termo para isso, usado por Mises no texto, o chamado feather-bedding. (N. T.)

parasitas inúteis. Não há necessidade de demolir as falácias deste raciocínio. Mesmo que admitamos a sua conclusão por uma questão de argumentação, devemos compreender que, com a exceção de alguns países, este fundo "excedente" dos ricos já não existe mais. Mesmo Hugh Gaitskell, sucessor de Sir Stafford Cripps como *Führer* da economia da Grã-Bretanha, não pôde deixar de declarar que "não há dinheiro suficiente para tirar dos ricos da Inglaterra para aumentar ainda mais os padrões de vida". Nos Estados Unidos a política de "afogar os ricos" ainda não foi tão longe. Mas se a tendência da política americana não for totalmente revertida muito em breve, o país mais rico de todos terá de enfrentar a mesma situação dentro de alguns anos.

## Perspectivas para um genuíno renascimento liberal

Com estas condições, as perspectivas de um renascimento genuinamente liberal podem parecer propícias. Pelo menos cinquenta por cento dos eleitores são mulheres, a maioria delas donas de casa ou futuras donas de casa. Para o bom senso destas mulheres, um programa que defenda preços baixos terá um forte apelo. Certamente elas votarão em candidatos que proclamem: Acabar imediatamente com todas as políticas e medidas destinadas a aumentar os preços acima do nível do mercado livre! Acabar com toda esta coisa sombria de apoio aos preços, preços de paridade, tarifas e quotas, acordos intergovernamentais de controle de mercadorias e assim por diante! Abstenham-se de aumentar a quantidade de dinheiro em circulação e de expansão do crédito, de todas as tentativas ilusórias de baixar a taxa de juros e de déficits governamentais! O que queremos são preços baixos.

No final, estas astutas chefes de família conseguirão até mesmo convencer os seus maridos.

No *Manifesto Comunista*, Karl Marx e Friedrich Engels afirmaram: "Os preços baixos das suas mercadorias são a artilharia pesada com a qual o capitalismo derruba todas as muralhas chinesas". Podemos esperar que estes preços baratos também derrubem a mais alta de todas as muralhas chinesas, isto é, aquelas erguidas pela loucura de más políticas econômicas.

Expressar tais esperanças não é apenas *wishful thinking*[91].

---

91. A expressão *wishful thinking* que pode ser traduzida, de maneira livre, como "pensamento ilusório", denota o fato de que pessoas podem tomar os desejos como se realidade fossem e agir com base naqueles ao invés de se basear nos fatos. (N. T.)

# CAPÍTULO 16
# Tendências podem mudar[92]

Um dos dogmas preferidos implícitos nas doutrinas que estão em moda em nossos dias é a crença de que as tendências de evolução social, tal como se manifestaram no passado recente, também prevalecerão no futuro. Supõe-se que o estudo do passado revela a forma das coisas que virão. Qualquer tentativa de reverter ou mesmo interromper tal tendência está fadada ao fracasso. O homem deve se submeter ao poder irresistível do destino histórico.

A este dogma acrescenta-se a ideia hegeliana de melhoria progressiva das condições humanas. Cada estágio posterior da história, ensinou Hegel, é necessariamente um estado mais elevado e mais perfeito do que o anterior, é um progresso em direção ao objetivo final que Deus, em sua infinita bondade, estabeleceu para a humanidade. Assim, qualquer dúvida quanto

---

92. Publicado originalmente em The Freeman, 12 fev. 1951. Republicado com a permissão da Foundation for Economic Education. (BBG)

à excelência do que está por vir é injustificada, não científica e é uma blasfêmia. Aqueles que lutam contra o "progresso" não estão apenas comprometidos numa aventura sem esperança. São também moralmente perversos, *reacionários*, pois querem impedir o surgimento de condições que beneficiarão a imensa maioria.

É do ponto de vista desta filosofia que os seus adeptos, os autodenominados "progressistas", lidam com as questões fundamentais das políticas econômicas. Estes indivíduos não examinam os méritos e os deméritos das medidas e reformas sugeridas. Isso seria, aos olhos deles, não científico. Na opinião deles, a única questão que tem de ser respondida é se tais proposições inovadoras estão ou não estão de acordo com o espírito da nossa época e se elas estão direcionadas para onde o destino ordenou que o curso dos assuntos humanos se encaminhe. A tendência das políticas aplicada no passado recente nos ensina o que é, ao mesmo tempo, inevitável e benéfico. A única fonte legítima para compreender o que é salutar e deve ser realizado hoje é o conhecimento daquilo que foi realizado ontem.

Nas últimas décadas prevaleceu uma tendência para uma interferência cada vez maior do governo nos negócios. A esfera da iniciativa do cidadão privado foi reduzida. Leis e decretos administrativos restringiram o campo em que os empreendedores e capitalistas eram livres de conduzir as suas atividades em conformidade com os desejos dos consumidores, tal como estas se manifestavam na estrutura do mercado. Ano após ano, uma parcela cada vez maior dos lucros e juros sobre o capital investido era confiscada pela tributação dos lucros das empresas e dos rendimentos e propriedades dos indivíduos. O controle "social", isto é, o controle governamental das empresas, pouco a pouco substitui o controle privado. Os "progressistas" estão certos de que esta tendência em direção a tomar o poder "econômico" da parasitária "classe ociosa" e a transferência deste mesmo poder para "o povo" continuará até que o Estado de Bem-Estar Social tenha suplantado o nefasto sistema capitalista, já para sempre condenado pela história. Apesar das maquinações sinistras feitas por parte dos "interesses", a humanidade, liderada por economistas que trabalham para o governo e por outros burocratas, políticos e chefes sindicais, marcha firmemente em direção à felicidade que será proporcionada pelo paraíso terrestre.

O prestígio deste mito é tão grande que impede qualquer oposição. Ele espalha o derrotismo entre aqueles que não partilham a opinião de que tudo o que vem depois é melhor do que aquilo que veio antes, e estão plenamente conscientes dos efeitos desastrosos do planejamento global, ou seja, do socialismo totalitário. Eles também humildemente se submetem ao que, dizem os pseudoestudiosos, é inevitável. É esta mentalidade de aceitar passivamente a derrota que fez o socialismo triunfar em muitos países europeus e poderá muito em breve fazê-lo conquistar também este país.

O dogma marxista da inevitabilidade do socialismo tinha por fundamento a tese de que o capitalismo resulta necessariamente no empobrecimento progressivo da imensa maioria da população. Neste paradigma, todas as vantagens do progresso tecnológico beneficiam exclusivamente uma pequena minoria de exploradores. As massas estão condenadas a aumentar "a miséria, a opressão, a escravidão, a degradação, a exploração". Nenhuma ação por parte dos governos ou dos sindicatos será capaz de conseguir frear esta evolução. Apenas o socialismo, que está fadado a surgir "com a inexorabilidade de uma lei da natureza", trará a salvação através da "expropriação dos poucos usurpadores pela massa da população".

Os fatos desmentiram este prognóstico assim como o fizeram com todas as outras previsões marxistas. Nos países capitalistas, o padrão de vida do homem comum é hoje incomparavelmente mais alto do que era nos dias de Marx. Simplesmente não é verdade que os frutos da melhoria tecnológica sejam colhidos exclusivamente pelos capitalistas enquanto o trabalhador, como diz o *Manifesto Comunista*, "em vez de crescer com o progresso da indústria, vai cada vez mais para o fundo". Não é uma minoria de "individualistas rudes", mas sim as massas, onde estão os principais consumidores dos produtos oriundos da produção em grande escala. Só os idiotas ainda se deixam levar pelo conto de fadas de que o capitalismo "é incompetente para assegurar a existência ao seu escravo dentro da sua escravatura".

Hoje, a doutrina da irreversibilidade das tendências prevalecentes suplantou a doutrina marxista relativa à inevitabilidade do empobrecimento progressivo.

Ora, esta doutrina não tem nenhuma verificação lógica ou experimental. As tendências históricas não duram necessariamente para sempre. Nenhum homem prático é tão tolo a ponto de presumir que os preços continuarão a subir porque as curvas de preços do passado mostram uma tendência ascendente. Pelo contrário, quanto mais os preços sobem, mais alarmados ficam os empresários cautelosos sobre uma possível reversão de tal tendência. Quase todos os prognósticos que os nossos estatísticos governamentais fizeram com base no seu estudo dos números disponíveis – que necessariamente se referem sempre ao passado – revelaram-se errados. O que é chamado de extrapolação de linhas de tendência é visto pela sólida teoria estatística com alto grau de suspeita.

O mesmo pode ser dito também sobre a evolução em domínios que não podem ser descritos por números estatísticos. Houve, por exemplo, no decurso da antiga civilização greco-romana, uma tendência para uma divisão inter-regional do trabalho. O comércio entre as diversas partes do vasto Império Romano ficou cada vez mais intenso. Mas então veio um ponto de virada. O comércio declinou e finalmente surgiu o sistema senhorial medieval, com autarquia quase completa de cada família de proprietários de terras.

Ou, para citar outro exemplo, prevaleceu no século XVIII uma tendência para reduzir a severidade e os horrores da guerra. Em 1770 o Conde de Guibert pôde escrever: "Hoje toda a Europa é civilizada. As guerras são menos cruéis. Exceto em combate, nenhum sangue é derramado; os prisioneiros são respeitados; as cidades não são mais destruídas; o país não está mais devastado".

Seria possível alguém afirmar que esta tendência não foi modificada?

Mas mesmo que fosse verdade que uma tendência histórica deve durar para sempre e que, portanto, a chegada do socialismo é inevitável, ainda assim não seria permitido inferir que o socialismo será um estado melhor, ou mesmo inferir ainda mais do que isso, que o socialismo seria o mais perfeito estado de coisas que a organização econômica da sociedade pode atingir. Não há nada que apoie tal conclusão, a não ser as suposições pseudoteológicas arbitrárias de Hegel, Comte e Marx, segundo as quais cada fase posterior do processo histórico deve necessariamente ser um estado melhor que o anterior. Não é verdade que as condições humanas devam sempre melhorar e que seja impossível uma recaída para modos de vida muito insatisfatórios, para a penúria e para a barbárie. O padrão de vida comparativamente alto que o homem comum tem acesso nos dias de hoje nos países capitalistas é uma conquista do capitalismo *laissez-faire*. Nem o raciocínio teórico nem a experiência histórica permitem inferir que tal conquista poderia ser preservada, e muito menos melhorada, sob o socialismo.

Nas últimas décadas, em muitos países, o número de divórcios e de suicídios aumentou todos os anos. No entanto, dificilmente alguém terá a ousadia de afirmar que esta tendência significa progresso em direção a melhores condições sociais.

O formado médio nas faculdades e no ensino médio logo esquece a maior parte das coisas que aprendeu. Mas há uma doutrina que deixa uma impressão duradoura na sua mente, que é o dogma da irreversibilidade da tendência para o planejamento e arregimentação abrangentes. Ele não duvida da tese de que a humanidade nunca voltará ao capitalismo, o sistema sombrio de uma época que se foi para sempre, e que a "onda do futuro" nos transporta para a terra prometida da Cocanha[93]. Se este cidadão tivesse dúvidas sobre esta tendência, o que lê nos jornais e o que ouve dos políticos acabaria com elas. Pois mesmo os candidatos nomeados pelos partidos da oposição, embora críticos das medidas do partido no poder, afirmam veementemente que não são "reacionários" e nem mesmo tentam parar a marcha em direção ao "progresso".

Assim, o homem médio está predisposto para aceitar o socialismo. É claro que ele não aprova tudo o que os soviéticos fizeram. Ele pensa que os russos cometeram erros em muitos aspectos e desculpa tais erros como sendo causados pela falta de familiaridade daquele povo com a liberdade. Ele culpa os líderes, especialmente Stalin, pela corrupção do ideal elevado do planejamento total e completo. Suas simpatias, ao invés disso, vão para Tito[94], o rebelde íntegro, que se

---

93. Segundo a Enciclopédia Britânica, Cocanha ou no inglês original Cockaigne ou Cockayne é uma terra de abundância no mito medieval. Este lugar imaginário é composto de extremo luxo e facilidade. Nele tudo é confortável e prazeroso e a dura vida camponesa medieval não existe. (N. E.)
94. Josip Broz Tito foi ditador da Iugoslávia. (N. T.)

recusa a se render à Rússia. Não faz muito tempo, ele demonstrou os mesmos sentimentos amigáveis por Beneš [95], e até há poucos meses, por Mao Tsé-tung, o "reformador agrário".

De qualquer forma, boa parte da opinião pública americana acredita que este país está atrasado em questões essenciais, pois ainda não eliminou, como os russos, a produção que visa o lucro, o desemprego, e ainda não alcançou a estabilidade. Praticamente ninguém acredita que poderia aprender algo importante sobre estes problemas a partir de uma dedicação séria a estudar economia. Os dogmas da irreversibilidade das tendências prevalecentes no presente e dos seus efeitos infalivelmente benéficos tornam tais estudos supérfluos. Se a economia confirmar estes dogmas, será supérflua; se discordar deles, é ilusória e enganosa.

Porém as tendências da evolução podem mudar e, até agora, quase sempre mudaram. Mas elas mudaram apenas porque encontraram oposição firme. A tendência predominante em direção ao que Hilaire Belloc chamou de Estado servil não será certamente revertida se ninguém tiver a coragem de atacar os seus dogmas subjacentes.

---

95. Edvard Beneš foi presidente da Tchecoslováquia. (N. T.)

CAPÍTULO 17
# Lucros e prejuízos[96]

Empreendedores lucram antecipando
as vontades dos consumidores

No sistema capitalista de organização econômica da sociedade, os empreendedores determinam a direção da produção. Ao desempenhar tal função, estão sujeitos incondicional e totalmente à soberania do público comprador, os consumidores. Se os empreendedores não conseguirem produzir da melhor e mais barata maneira possível os produtos que os consumidores demandam com maior urgência, sofrerão prejuízos e serão finalmente eliminados da sua posição como empreendedores. Outros homens que sabem melhor servir os consumidores irão substituí-los.

Se todas as pessoas antecipassem corretamente o estado futuro do mercado, os empreendedores não obteriam lucro algum nem sofreriam qualquer prejuízo. Teriam de comprar os fatores de produção complementares a preços que, já no momento da compra,

---

96. Um documento preparado para a reunião da Mont Pèlerin Society realizada em Beauvallon, França, de 9 a 16 de setembro de 1951.

refletiriam plenamente os preços futuros dos produtos. Não sobraria espaço nem para lucros nem para prejuízos. O que faz surgir o lucro é o fato de o empreendedor que avalia os preços futuros dos produtos mais corretamente do que outras pessoas, comprar alguns ou todos os fatores de produção a preços que, vistos do ponto de vista do estado futuro do mercado, são muito baixos. Assim, os custos totais de produção – incluindo os juros sobre o capital investido – ficam abaixo dos preços que o empreendedor recebe pelo produto final. Essa diferença é o lucro do empreendedor.

Por outro lado, o empreendedor que avalia mal os preços futuros dos produtos, toma para si os preços dos fatores de produção que, vistos do ponto de vista do estado futuro do mercado, são muito altos. Seus custos totais de produção excedem os preços pelos quais ele pode vender o produto final. Essa diferença é um prejuízo empreendedor.

Portanto, lucros e prejuízos são gerados pelo sucesso ou fracasso no ajuste do curso das atividades produtivas às demandas mais urgentes dos consumidores. Uma vez alcançado esse ajuste, tanto lucro quanto prejuízo desaparecem. Os preços dos fatores complementares de produção atingem um nível em que os custos totais de produção coincidem com o preço de venda do produto final. Os lucros e os prejuízos são características perenes somente por conta do fato de que a mudança constante nos dados econômicos provoca repetidamente novas discrepâncias e, consequentemente, cria a necessidade de novos ajustes.

## O EMPREENDEDOR É O TOMADOR DE DECISÕES DA EMPRESA

Muitos erros relativos à natureza dos lucros e prejuízos foram causados pela prática de aplicar o termo "lucro" à totalidade dos rendimentos residuais de um empreendedor.

Os juros sobre o capital empregado no negócio não são parte do lucro. Os dividendos de uma empresa não são lucro. São juros sobre o capital investido mais lucro ou menos prejuízo.

O equivalente de mercado ao trabalho realizado pelo empreendedor na condução dos negócios da empresa são quase-salários dos empreendedores, mas não são lucro.

Se a empresa possuir um fator com o qual possa obter preços de monopólio, ela obtém um ganho de monopólio. Se esta empresa for uma sociedade anônima, tais ganhos aumentam o dividendo. No entanto, eles não são o lucro propriamente dito.

Ainda mais graves são os erros decorrentes da confusão entre atividade empresarial e inovação e aperfeiçoamento tecnológico. O desajustamento, cuja eliminação é a função essencial do empreendedorismo, pode muitas vezes consistir no fato de os novos métodos tecnológicos ainda não terem sido utilizados na medida em que deveriam ser, a fim de proporcionar a melhor satisfação possível à demanda dos consumidores. Mas isto não é necessariamente sempre o caso. Alterações nos dados, especialmente na demanda dos consumidores, podem exigir ajustes que não têm qualquer relação com inovações e melhorias tecnológicas. O empreendedor que simplesmente aumenta a produção de um artigo adicionando às instalações de produção existentes um novo maquinário sem qualquer mudança no método tecnológico de produção não é menos empreendedor do que o homem que inaugura uma nova forma de produzir. A tarefa do empreendedor não é apenas experimentar novos métodos tecnológicos, mas selecionar, dentre a infinidade de métodos tecnologicamente viáveis, aqueles que são mais adequados para fornecer ao público, da maneira mais barata, aquilo que o público está pedindo de maneira mais urgente. Se um novo procedimento tecnológico é ou não adequado para esse fim será decidido provisoriamente pelo empreendedor e será finalmente decidido pela conduta do público comprador. A questão não é se um novo método deve ser considerado uma solução mais "elegante" para um problema tecnológico. A questão é saber se, dada a situação dos dados econômicos, este é o melhor método possível para abastecer os consumidores da forma mais barata.

A atividade do empreendedor consiste na tomada de decisões. Ele determina com que finalidade os fatores de produção devem ser empregados. Quaisquer outros atos que um empreendedor possa praticar são meramente acidentais à sua função empreendedora. É isto que os leigos muitas vezes não conseguem perceber. Os leigos confundem as atividades empreendedoras com a condução dos assuntos tecnológicos e administrativos de uma fábrica. Aos seus olhos, não são os acionistas, os promotores e os especuladores, mas sim os empregados contratados que são os verdadeiros empreendedores. Os primeiros são apenas parasitas ociosos que embolsam os dividendos.

Ora, ninguém jamais afirmou que se poderia produzir sem trabalhar. Mas também não é possível produzir sem bens de capital, os fatores de produção futura que foram previamente produzidos. Esses bens de capital são escassos, ou seja, não são suficientes para a produção de todas as coisas que gostaríamos de produzir. Daí surge o problema econômico: empregar estes bens de capital de tal forma que apenas sejam produzidos os bens [de consumo] que sejam adequados para satisfazer as exigências mais urgentes dos consumidores. Nenhum bem deveria permanecer não produzido pelo facto de os fatores necessários à sua produção terem sido utilizados – desperdiçados – para a produção de outro bem para o qual a demanda do público é menos intensa. Conseguir isto é, no capitalismo, a função do empreendedorismo que determina a alocação de capital nos vários ramos de produção. Sob o socialismo seria uma função do Estado, do aparelho social de coerção e opressão. O problema de saber se um direcionamento socialista, que não dispõe de qualquer método para realizar o cálculo econômico, poderia cumprir esta função não será tratado neste ensaio.

Existe uma regra simples para diferenciar empreendedores de não empreendedores. Os empreendedores são aqueles sobre quem recai a incidência dos prejuízos sobre o capital empregado. Os economistas amadores podem confundir lucros com outros tipos de receita. Mas é impossível deixar de reconhecer prejuízos sobre o capital empregado.

## O GOVERNO É NECESSÁRIO PARA PRESERVAR E PROTEGER

O que tem sido chamado de democracia de mercado manifesta-se no fato de as empresas com fins lucrativos estarem incondicionalmente sujeitas à supremacia do público comprador.

As organizações sem fins lucrativos são soberanas sobre si mesmas. Elas estão, dentro dos limites impostos pela quantidade de capital à sua disposição, em posição de ir contra os desejos do público.

Um caso especial é o da condução dos assuntos governamentais, da administração do aparelho social de coerção e opressão, ou seja, o poder de polícia. Os objetivos do governo, a proteção da inviolabilidade da vida e da saúde dos indivíduos e dos seus esforços para melhorar as condições materiais da sua existência, são indispensáveis. Beneficiam a todos e são o pré-requisito necessário para a cooperação social e a civilização. Mas não podem ser vendidos e comprados da mesma forma que as mercadorias são vendidas e compradas; portanto, não têm preço no mercado. Em relação a estas funções não pode haver qualquer cálculo econômico. Os custos despendidos para a sua condução não podem ser confrontados com o preço recebido pelo produto. Este estado de coisas tornaria os funcionários encarregados da administração das atividades governamentais déspotas irresponsáveis se não fossem restringidos pelo orçamento governamental. Sob este sistema, os administradores são forçados a cumprir instruções detalhadas que lhes são impostas pelo soberano, seja ele um autocrata autonomeado ou todo o povo agindo através de representantes eleitos. Aos oficiais são atribuídos fundos limitados, que eles são obrigados a gastar apenas para os fins que o soberano ordenou. Assim, a gestão da administração pública torna-se burocrática, isto é, dependente de regras e regulamentos definidos e detalhados.

A gestão burocrática é a única alternativa disponível onde não há gestão baseada em lucros e prejuízos[97].

## No mercado, os consumidores são soberanos

Os consumidores, através de suas compras e de sua abstenção de comprar, elegem os empreendedores num, por assim dizer, plebiscito repetido diariamente. Os consumidores determinam quem deve possuir e quem não deve possuir, e quanto cada proprietário deve possuir.

Como acontece com todos os atos de escolha de uma pessoa – escolha de servidores públicos, funcionários de empresas privadas, amigos ou cônjuges – a decisão dos consumidores é tomada com base na experiência e, portanto, sempre busca referências necessariamente no passado. Não há experiência do futuro. A votação do mercado elege aqueles que no

---

97. Ver MISES, L. V. *Ação Humana*. São Paulo: LVM Editora: 4ª ed. 2023; MISES, L. V. *Bureaucracy*. Yale University Press, 1944, p. 40-73.

passado imediato serviram melhor aos consumidores. Porém, a escolha não é inalterável e pode ser corrigida todos os dias. O eleito que decepciona o eleitorado é rapidamente substituído.

Cada votação dos consumidores acrescenta apenas um pouco à esfera de ação do homem que foi eleito para servi-los. Para alcançar os níveis superiores de empreendedorismo, ele precisa de um grande número de votos, repetidos continuamente durante um longo período, uma série prolongada de ações bem-sucedidas. Ele deve enfrentar um novo julgamento a cada dia, a cada dia ele deve, por assim dizer, submeter-se novamente à reeleição.

O mesmo acontece com seus herdeiros. Eles só poderão manter a posição eminente que ele conquistou recebendo repetidamente a confirmação por parte do público. O cargo do empreendedor é revogável. Se os consumidores o mantiverem, não será por causa dos merecimentos do seu antecessor, mas por causa da sua própria capacidade de empregar o capital para a melhor satisfação possível dos consumidores.

Os empreendedores não são pessoas perfeitas nem boas em nenhum sentido metafísico. Eles devem a sua posição exclusivamente ao fato de estarem mais aptos para o desempenho das funções que lhes são atribuídas do que outras pessoas. Eles lucram não porque sejam inteligentes no desempenho de suas tarefas, mas porque são mais inteligentes ou menos desajeitados do que as outras pessoas. Eles não são infalíveis e muitas vezes cometem erros. Mas eles estão menos sujeitos a erros do que outras pessoas. Ninguém tem o direito de se ofender com os erros cometidos pelos empreendedores na condução dos negócios e de buscar enfatizar a possibilidade de que as pessoas teriam sido melhor servidas se os empreendedores tivessem sido mais hábeis e proativos. Se o resmungão sabia melhor o que fazer, por que ele próprio não preencheu a lacuna e aproveitou a oportunidade para obter lucros? Na verdade, é fácil demonstrar previsão após o evento. Em retrospectiva, todos os tolos se tornam sábios.

Uma cadeia de raciocínio popular é a seguinte: o empreendedor obtém lucro não apenas pelo fato de outras pessoas terem sido menos bem sucedidas do que ele em antecipar corretamente o estado futuro do mercado. Ele próprio contribuiu para o surgimento do lucro ao restringir a produção do artigo que lhe proporciona o lucro; se não fosse esta restrição intencional da produção da sua parte, a oferta deste artigo teria sido tão grande que o preço teria caído a um ponto em que não teria surgido qualquer excedente de receitas sobre os custos de produção gastos. Este raciocínio está na base das doutrinas espúrias da concorrência imperfeita e monopolista. Ele foi utilizado há pouco tempo pelo governo federal americano, quando culpou as empresas da indústria siderúrgica pelo fato de a capacidade de produção de aço dos Estados Unidos não ser maior do que era na realidade.

Certamente aqueles que se dedicam à produção de aço não são responsáveis pelo fato de outras pessoas não terem também entrado nesta indústria. A reprimenda por parte das autoridades teria sido sensata se as autoridades tivessem conferido às empresas siderúrgicas existentes o monopólio da produção de aço. Mas na ausência de tal privilégio, a repreensão dada às fábricas em funcionamento não é mais justificada do que seria censurar os poetas e músicos da nação pelo fato de não haver mais e melhores poetas e músicos. Se alguém é culpado pelo fato de o número de pessoas que aderiram à organização voluntária de defesa civil não ser maior, então não são aqueles que já aderiram, mas apenas aqueles que não o fizeram.

## Capital e fatores de produção são limitados

O fato de a produção de uma mercadoria $p$ não ser maior do que é na realidade ocorre porque os fatores de produção complementares necessários para uma expansão daquela produção terem sido utilizados para a produção de outras mercadorias. Falar de uma insuficiência da oferta de $p$ é retórica vazia se não indicar os vários produtos $m$ que foram produzidos em quantidades grandes demais, com o efeito de que a produção de $m$ aparece agora, isto é, depois do acontecimento, como um desperdício de fatores escassos de produção. Podemos supor que os empreendedores que, em vez de produzirem quantidades adicionais de $p$, recorreram à produção de quantidades excessivas de $m$ e, consequentemente, sofreram prejuízos, não cometeram tal erro de forma intencional.

Nem os produtores de $p$ restringiram intencionalmente a produção de $p$. O capital de cada empreendedor é limitado; ele o emprega para aqueles projetos que, ele espera, irão gerar o maior lucro ao atender à demanda mais urgente do público.

Um empreendedor que tenha à sua disposição 100 unidades de capital emprega, por exemplo, 50 unidades para a produção de $p$ e 50 unidades para a produção de $q$. Se ambas as linhas de produção são lucrativas, é estranho culpá-lo por não ter empregado mais, por exemplo, 75 unidades, para a produção de $p$. Ele só poderia aumentar a produção de $p$ reduzindo de maneira correspondente a produção de $q$. Mas com relação a $q$ a mesma falha poderia ser encontrada pelos reclamões. Se culparmos o empreendedor por não ter produzido mais $p$, devemos culpá-lo também por não ter produzido mais $q$. Isto significa: culpa-se o empreendedor pelo fato de haver escassez dos fatores de produção e de a terra não ser terra de Cocanha.

Talvez o reclamão objete alegando que considera $p$ uma mercadoria vital, muito mais importante que $q$, e que, portanto, a produção de $p$ deveria ser expandida enquanto a de $q$ deveria ser restringida. Se este for realmente o significado da sua crítica, ele está em desacordo com as avaliações dos consumidores. Ele tira a máscara e mostra suas aspirações ditatoriais. Para ele, a produção não deve ser dirigida pelos desejos do público, mas pela sua própria vontade discricionária despótica.

Mas se a produção de $q$ do nosso empreendedor envolve um prejuízo, é óbvio que a sua culpa foi uma previsão ruim, e não intencional, sobre o futuro. Se juntar às fileiras dos empreendedores numa sociedade de mercado, desde que não sabotada pela interferência do governo ou de outras agências que recorrem à violência, é uma possibilidade aberta para todos. Quem sabe aproveitar qualquer oportunidade de negócio que surja sempre encontrará o capital necessário. Pois o mercado está sempre cheio de capitalistas ansiosos por encontrar o emprego mais promissor para os seus fundos e em busca dos recém-chegados engenhosos, em parceria com os quais possam executar os projetos que tragam os melhores retornos financeiros.

Muitas vezes as pessoas não conseguiram perceber esta característica inerente ao capitalismo porque não compreenderam o significado e os efeitos da escassez de capital. A tarefa do empreendedor é selecionar, dentre a infinidade de projetos tecnologicamente viáveis, aqueles que satisfaçam as necessidades mais urgentes do público que ainda não foram satisfeitas. Não devem ser executados os projetos para cuja execução a oferta de capital não seja suficiente. O mercado está sempre cheio de visionários que querem lançar esquemas impossíveis e impraticáveis. São estes sonhadores que sempre se queixam da cegueira dos capitalistas que são estúpidos demais para cuidar dos seus próprios interesses. É claro que os investidores muitas vezes erram na escolha dos seus investimentos. Mas estas falhas consistem precisamente no fato de terem preferido um projeto inadequado a outro que teria satisfeito necessidades mais urgentes do público comprador.

## Empreendedores seguem os consumidores quando decidem o que produzir

Lamentavelmente, as pessoas muitas vezes erram ao avaliar o trabalho do gênio criativo. Apenas uma minoria de homens é suficientemente capaz de apreciar e atribuir o devido valor às realizações de poetas, artistas e pensadores. Pode acontecer que a indiferença dos seus contemporâneos torne impossível a um gênio realizar o que teria conseguido se os seus semelhantes tivessem demonstrado melhor julgamento sobre suas realizações. A forma como o poeta premiado e o filósofo *à la mode* são selecionados é certamente questionável.

Mas é inadmissível questionar a escolha dos empreendedores feita pelo mercado livre. A preferência dos consumidores por determinados produtos pode estar sujeita à condenação do ponto de vista do julgamento de um filósofo. Mas os julgamentos de valor são necessariamente sempre pessoais e subjetivos. O consumidor escolhe o que, na sua opinião, mais o satisfaz. Ninguém é chamado a dizer o que poderia tornar outro homem mais feliz ou menos infeliz. A popularidade dos automóveis, dos televisores e das meias de náilon pode ser criticada de um ponto de vista "mais elevado". Mas essas são as coisas que as pessoas estão demandando. Este público vota nos empreendedores que lhes oferecem essa mercadoria da melhor qualidade pelo preço mais baixo.

Ao escolher entre vários partidos políticos e programas para a organização social e econômica da sociedade, a maioria das pessoas está desinformada e tateando no escuro. O eleitor médio não tem a capacidade de distinguir entre quais políticas seriam adequadas para atingir os fins que ele busca e quais aquelas que inadequadas para tanto. Ele não consegue examinar as longas cadeias de raciocínio apriorístico que constituem a filosofia de um programa social abrangente. Ele poderá, na melhor das hipóteses, formar alguma opinião sobre os efeitos a curto prazo das políticas em questão. Ele é impotente para lidar com os efeitos de longo prazo daquilo que está em jogo. Os socialistas e comunistas, em princípio, afirmam frequentemente a infalibilidade das decisões da maioria. No entanto, eles desmentem a si mesmos ao criticarem as maiorias parlamentares que rejeitam a sua crença e ao negarem ao povo, sob o sistema de partido único, a oportunidade de escolher entre diferentes partidos políticos.

Mas ao comprar uma mercadoria ou deixar de comprá-la não há nada mais envolvido do que o desejo do consumidor pela melhor satisfação possível dos seus desejos naquele momento. O consumidor – contrário ao que faz o eleitor na votação política – não escolhe entre diferentes meios cujos efeitos só aparecem mais tarde. Ele escolhe entre coisas que proporcionam satisfação imediata. Sua decisão é final.

Um empreendedor lucra servindo os consumidores, o povo, como esse povo é e não como deveria ser, de acordo com as fantasias de algum reclamão ou ditador em potencial.

## EMPREENDEDORES LUCRAM REMOVENDO DESAJUSTES[98]

Lucros nunca são normais. Eles aparecem apenas onde há um desajuste, uma divergência entre a produção real e a produção como deveria ser para usar os recursos materiais e mentais disponíveis para a melhor satisfação possível dos desejos do público. Lucros são o prêmio daqueles que removem esse desajuste; os lucros desaparecem assim que o desajuste é totalmente removido. Na construção imaginária de uma *economia uniformemente circular*[99] não há lucros. Neste estado a soma dos preços dos fatores de produção que se complementam, tendo em conta a preferência temporal, coincide com o preço de venda do produto.

Quanto maiores forem os desajustes anteriormente existentes, maior será o lucro obtido com a sua remoção. Às vezes, os desajustes podem ser considerados excessivos. Mas é impróprio aplicar o epíteto "excessivo" aos lucros.

As pessoas chegam à ideia de lucros excessivos comparando o lucro obtido com o capital empregado na empresa e medindo o lucro como uma percentagem do capital. Este método é sugerido pelo procedimento habitual aplicado em sociedades e em corporações para atribuição de proporções do lucro total aos sócios e acionistas individuais. Cada um destes homens contribuiu em graus diferentes para a realização do

---

98. No original Mises usa o termo *maladjustments*. (N. T.)
99. Aqui Mises se refere à Evenly Rotating Economy, uma construção imaginária que ele usa em *Ação Humana*. (N. T.)

projeto e partilham os lucros e prejuízos de acordo com a extensão da sua contribuição.

Mas não é o capital empregado que cria lucros e prejuízos. O capital não "gera lucro", como pensava Marx. Os bens de capital como tais são coisas mortas que por si só não realizam nada. Se forem utilizados de acordo com uma boa ideia, o resultado será lucro. Se forem utilizados de acordo com uma ideia errada, não resultarão em lucros ou prejuízos. É a decisão empreendedora que cria lucro ou prejuízo. São dos atos mentais do empreendedor que, em última análise, se originam os lucros. O lucro é um produto da mente, do sucesso na antecipação do estado futuro do mercado. É um fenômeno espiritual e intelectual.

O absurdo de condenar quaisquer lucros como excessivos pode ser facilmente demonstrado. Uma empresa com um capital de montante $c$ produziu uma quantidade definida de $p$ que vendeu a preços que geraram um excedente de receitas sobre os custos de $s$ e, consequentemente, um lucro de $n$ por cento. Se o empreendedor fosse menos capaz, precisaria de um capital de $2c$ para produzir a mesma quantidade de $p$. Para fins de argumentação, podemos até deixar de lado o fato de que isto teria necessariamente aumentado os custos de produção, uma vez que teria duplicado os juros sobre o capital próprio usado para produzir, e podemos assumir que $s$ teria permanecido inalterado. Mas, de qualquer forma, $s$ teria sido confrontado com $2c$ em vez de $c$ e, portanto, o lucro teria sido apenas $n/2$ por cento do capital empregado. O lucro "excessivo" teria sido reduzido a um nível "justo". Por que? Porque o empreendedor teria sido menos eficiente e porque a sua falta de eficiência privou os seus semelhantes de todas as vantagens que poderiam obter se uma quantidade $c$ de bens de capital tivesse sido deixada disponível para a produção de outras mercadorias.

## Lucros transferem capital para aqueles que melhor atendem ao público

Ao considerarem os lucros excessivos e ao penalizarem os empreendedores eficientes através de impostos discriminatórios, as pessoas estão prejudicando a si mesmas. Tributar os lucros equivale a tributar o sucesso em melhor servir ao público. O único objetivo de todas as atividades de produção é empregar os fatores de produção de tal forma que eles produzam o maior rendimento possível. Quanto menor se torna o insumo necessário para a produção de um artigo, mais fatores de produção escassos são liberados para que possam entrar na produção de outros artigos. Mas quanto mais um empreendedor tiver sucesso neste aspecto, mais ele será difamado e mais será punido com impostos. O aumento dos custos por unidade de produção, ou seja, o desperdício, é elogiado como uma virtude.

A manifestação mais surpreendente desta total incapacidade de compreender a tarefa da produção e a natureza e funções dos lucros e prejuízos é demonstrada na superstição popular de que o lucro é um adendo aos custos de produção, cujo valor depende unicamente do arbítrio de quem está vendendo. É esta crença que orienta os governos no controle dos preços. É a mesma crença que levou muitos governos a fazer acordos com os seus contratantes, segundo os quais o preço a pagar por um artigo entregue é igual aos custos incorridos para a produção, aumentados numa percentagem definida. O efeito deste tipo de medida é que o fornecedor obteve um excedente tanto maior quanto menos conseguiu evitar custos supérfluos. Contratos deste tipo aumentaram consideravelmente a quantidade de dinheiro que os Estados Unidos tiveram de gastar nas duas guerras mundiais. Mas os burocratas, em primeiro lugar os professores de economia que serviram nas diversas agências de guerra, vangloriaram-se da forma inteligente como lidaram com o assunto.

Todas as pessoas, tanto empreendedoras como não empreendedoras, olham com desconfiança para quaisquer lucros obtidos por outras pessoas. A inveja é uma fraqueza comum dos homens. As pessoas relutam em reconhecer o fato de que elas próprias poderiam ter obtido lucros se tivessem demonstrado a mesma visão e julgamento que o homem de negócios de sucesso fez. O ressentimento destas pessoas se torna ainda mais violento quanto mais subconscientemente este fato está para elas.

Não haveria nenhum lucro se não fosse o desejo do público em adquirir a mercadoria colocada à venda pelo empreendedor de sucesso. Mas as mesmas pessoas que lutam para pôr suas mãos nos artigos que os empreendedores disponibilizam difamam o empreendedor e consideram que o seu lucro foi obtido de maneira má.

A expressão semântica desta inveja é a distinção entre renda auferida e não auferida[100]. Ela permeia os livros didáticos e a linguagem usada nas legislações e nos procedimentos administrativos. Assim, por exemplo, o Formulário 201 usado para a declaração de imposto de renda do estado de Nova Iorque chama de "rendimentos auferidos" apenas as remunerações recebidas por pessoas que são empregadas e, por implicação, todos os outros rendimentos, embora também sejam resultantes do exercício de uma profissão, são rendimentos não auferidos. Esta é a terminologia de um estado cujo governador é republicano e cuja assembleia estadual tem maioria republicana[101].

A opinião pública tolera lucros apenas na medida em que não excedam o salário pago a um empregado. Todo excedente é rejeitado como injusto. O objetivo da tributação é, de acordo com o princípio da capacidade de pagamento, confiscar este excedente.

Ora, uma das principais funções dos lucros é transferir o controle do capital para aqueles que sabem como empregá-lo da melhor forma possível para a satisfação

---

100. No original: *earned and unearned income*. O verbo *to earn* pode ser traduzido como "merecer". Assim, Mises está apontando para o fato sutil de que, semanticamente, no formulário do imposto de renda do estado de Nova York, apenas o assalariado "merece" os seus rendimentos, enquanto os outros rendimentos seriam "não merecidos". (N. T.)

101. Nos Estados Unidos, em especial no meio do século passado, os republicanos são considerados o partido mais alinhado com o livre mercado, enquanto os democratas são mais intervencionistas. Mises aqui aponta para o fato de que, mesmo num Estado que deveria ser mais favorável ao livre mercado, as palavras usadas nos documentos oficiais denotam uma posição contrária ao livre mercado. (N. T.)

do público. Quanto mais lucros um indivíduo obtém, maior se torna a sua riqueza e mais influente ele se torna na condução dos negócios. Lucros e prejuízos são os instrumentos pelos quais os consumidores passam a direção das atividades produtivas para as mãos daqueles que estão mais aptos a atendê-los. Tudo o que for feito para reduzir ou confiscar lucros prejudica esta função. O resultado de tais medidas é reduzir o controle que os consumidores exercem sobre o curso da produção. A máquina econômica torna-se, do ponto de vista das pessoas, menos eficiente e menos reativa.

A inveja do homem comum enxerga os lucros dos empreendedores como se fossem totalmente utilizados para consumo. Uma parte destes lucros é, claro, consumida. Mas os empreendedores que obtêm riqueza e influência no domínio dos negócios consomem somente uma fração dos seus rendimentos e reinvestem a parte muito maior nas suas empresas. O que faz com que as pequenas empresas se transformem em grandes empresas não são os gastos, mas a poupança e a acumulação de capital.

## Os lucros excedem os prejuízos em uma economia que cresce

Chamamos de economia estacionária uma economia em que a proporção *per capita* da renda e da riqueza dos indivíduos permanece inalterada. Numa economia como esta, o que os consumidores gastam mais na compra de alguns artigos deve ser igual ao que gastam menos na compra de outros artigos. O montante total dos lucros obtidos por uma parte dos empreendedores é igual ao montante total dos prejuízos sofridos pelos outros empreendedores.

Um excedente da soma de todos os lucros obtidos em toda a economia acima da soma de todos os prejuízos sofridas surge apenas numa economia que cresce, isto é, numa economia em que a proporção *per capita* de capital aumenta. Este incremento é um efeito da poupança que acrescenta novos bens de capital à quantidade já disponível. O aumento do capital disponível cria desajustes na medida em que provoca uma discrepância entre o estado real da produção e aquele estado que o capital adicional torna possível. Graças ao surgimento de capital adicional, certos projetos que até então não podiam ser executados tornam-se viáveis. Ao direcionar o novo capital para os canais em que ele satisfaça as necessidades mais urgentes dos consumidores, anteriormente não satisfeitas, os empreendedores obtêm lucros que não são contrabalançados pelos prejuízos de outros empreendedores.

O enriquecimento gerado pelo capital adicional vai apenas em parte para aqueles que o criaram através da poupança. O resto vai, através do aumento da produtividade marginal do trabalho e, portanto, dos salários, para os que recebem salários e vencimentos e, através do aumento dos preços de determinadas matérias-primas e produtos alimentares, para os proprietários de terras e, finalmente, para os empreendedores que adicionam este novo capital aos processos de produção mais econômicos. Mas embora o ganho dos assalariados e dos proprietários de terras seja permanente, os lucros dos empreendedores desaparecem uma vez realizada esta integração. Os lucros dos empreendedores são, como já foi mencionado, um fenômeno permanente apenas devido ao fato de os desajustamentos reaparecerem diariamente na economia; como já dito, é a eliminação destes desajustamentos que proporciona a obtenção de lucros.

Recorramos, por uma questão de argumentação, ao conceito de renda nacional tal como utilizado na economia popular. Então é óbvio que numa economia estacionária nenhuma parte da renda nacional vai para os lucros. Somente numa economia em progresso existe um excedente de lucros totais sobre os prejuízos totais. A crença popular de que os lucros são uma dedução da renda dos trabalhadores e dos consumidores é totalmente falaciosa. Se quisermos aplicar o termo dedução à questão, temos de dizer que este excedente de lucros sobre os prejuízos, bem como os aumentos auferidos pelos assalariados e a maior renda dos proprietários de terras, é deduzido dos ganhos daqueles cuja poupança gerou o capital adicional. É a poupança destes indivíduos que constitui o veículo da melhoria econômica, que torna possível a utilização de inovações tecnológicas e aumenta a produtividade e o nível de vida. São os empreendedores cuja atividade se encarrega do emprego mais econômico do capital adicional. Na medida em que eles próprios não poupam, nem os trabalhadores nem os proprietários de terras contribuem em nada para o surgimento das circunstâncias que geram o que se chama de progresso e melhoria econômica. Eles são beneficiados pela poupança de outras pessoas que cria capital adicional, por um lado, e, por outro lado, pela ação empreendedora que direciona esse capital adicional para a satisfação das necessidades mais urgentes dos consumidores.

Uma economia em retrocesso é uma economia na qual a proporção *per capita* de capital investido está diminuindo. Numa economia deste tipo, o montante total dos prejuízos incorridos pelos empreendedores excede o montante total dos lucros obtidos por outros empreendedores.

### Expressar lucros em termos monetários pode causar problemas

As categorias praxiológicas originárias de lucros e prejuízos são qualidades psíquicas e não redutíveis a qualquer descrição interpessoal em termos quantitativos. São magnitudes de intensidade. A diferença entre o valor do fim alcançado e o dos meios aplicados para a sua realização é lucro se for positivo e prejuízo se for negativo.

Onde existe divisão social do trabalho e cooperação, bem como propriedade privada dos meios de produção, o cálculo econômico em termos de unidades monetárias torna-se viável e necessário. Lucros e prejuízos são calculados como fenômenos sociais. Os fenômenos psíquicos de lucros e prejuízos, dos quais derivam em última análise, continuam a ser, evidentemente, magnitudes de intensidade que não são passíveis de cálculo.

O fato de, no quadro da economia de mercado, os lucros e prejuízos empresariais serem determinados por operações aritméticas tem enganado muitas pessoas. Estas pessoas não conseguem perceber que os itens essenciais que entram neste cálculo são estimativas que emanam da compreensão específica do empreendedor sobre o estado futuro do mercado. Elas pensam que estes cálculos estão abertos ao exame e verificação ou alteração por parte de um perito não envolvido com o empreendimento. Elas ignoram o fato de que tais cálculos são, em regra, uma parte inerente da antecipação especulativa do empreendedor quanto às incertas condições futuras.

Para o que pretendo com este ensaio basta me referir a um dos problemas da contabilidade de custos. Um dos itens da lista de custos é o estabelecimento da diferença entre o preço pago pela aquisição do que comumente se chama de equipamento de produção durável e o seu valor presente. Este valor presente é o equivalente monetário da contribuição que este equipamento trará para os lucros futuros. Não há certeza sobre o estado futuro do mercado e sobre o nível desses lucros. Estes valores só podem ser determinados por uma antecipação especulativa por parte do empreendedor. É absurdo chamar um perito, um especialista não envolvido com o empreendimento, e substituir o seu julgamento arbitrário pelo julgamento do empreendedor. O perito é objetivo na medida em que não é afetado caso cometa um erro. Mas, ao decidir, o empreendedor expõe seu próprio bem-estar material. É claro que a legislação determina magnitudes que ela denomina lucros e prejuízos. Mas estas magnitudes não são idênticas aos conceitos econômicos de lucros e prejuízos e não devem ser confundidas com estes conceitos. Se uma legislação tributária determina uma magnitude de lucro, ela na verdade determina o valor dos impostos devidos. Ela chama esta magnitude de lucro porque quer justificar a sua política fiscal aos olhos do público. Seria mais correto o legislador omitir o termo lucro e falar simplesmente da base de cálculo do imposto devido.

A tendência das leis tributárias é calcular aquilo que chamam de lucro da maneira mais alta possível, isto é feito a fim de aumentar a receita pública imediata. Mas existem outras legislações que estão comprometidas com a tendência de restringir a magnitude que chamam de lucro. Os códigos comerciais de muitas nações foram e são guiados pelo esforço para proteger os direitos dos credores. Eles pretendiam restringir o que chamavam de lucro a fim de evitar que o empreendedor retirasse muito da empresa ou da corporação, em prejuízo dos credores e em seu próprio benefício. Foram estas tendências que estavam em operação quando da evolução dos usos comerciais relativos ao nível habitual das quotas de depreciação.

Hoje não há necessidade de nos debruçarmos sobre o problema da falsificação do cálculo econômico em condições inflacionárias. Todas as pessoas começam a compreender o fenômeno dos lucros ilusórios, que são desdobramentos das grandes inflações da nossa época.

A incapacidade de compreender os efeitos da inflação sobre os métodos habituais de cálculo dos lucros originou o conceito moderno de *profiteering*[102]. Um empreendedor é chamado de *profiteer* se a sua demonstração de lucros e prejuízos, calculada em termos de uma moeda sujeita a uma inflação que aumenta rapidamente, mostra lucros que outras pessoas consideram "excessivos". Tem acontecido frequentemente em muitos países que as declarações de lucros e prejuízos de tal aproveitador, quando calculada em termos de uma moeda não inflacionada ou menos inflacionada, não só mostre nenhum lucro, mas também mostre prejuízos consideráveis.

Mesmo que negligenciemos, por uma questão de argumentação, qualquer referência ao fenômeno dos lucros ilusórios meramente induzidos pela inflação, é óbvio que o epíteto de aproveitador é a expressão de um julgamento de valor arbitrário. Não existe outro padrão disponível para a distinção entre lucrar e obter lucros justos além daquele fornecido pela inveja e pelo ressentimento pessoal do censor.

---

[102]. No original Mises usa o termo *profiteering*, que não tem uma tradução direta para o português. O empreendedor que pratica o profiteering, o profiteer, pode estar tendo lucros altos, mas também pode estar enganando a si mesmo por conta da dificuldade de realizar o cálculo econômico num ambiente de inflação alta ou descontrolada. (N. T.)

## Uma especialista em lógica distingue lucros "legítimos" de "ilegítimos"

É realmente estranho que uma eminente lógica, a falecida L. Susan Stebbing, tenha falhado totalmente em perceber a questão envolvida. A professora Stebbing equiparou o conceito de *profiteering* a conceitos que se referem a uma distinção clara de tal modo que não há separação nítida que pode ser traçada entre os extremos. A distinção entre lucros excessivos ou *profiteering* e "lucros legítimos", declarou ela, é clara, embora não seja uma distinção nítida[103]. Ora, esta distinção é clara apenas em referência a um ato legislativo que define o termo "lucros excessivos" conforme utilizado no próprio contexto da legislação. Mas não era isso que Stebbing tinha em mente. Ela enfatizou explicitamente que tais definições legais são feitas "de maneira arbitrária para fins práticos de administração". Ela usou o termo "legítimo" sem qualquer referência aos estatutos legais e suas definições. Mas é permitido empregar o termo "legítimo" sem referência a qualquer padrão do ponto de vista do qual a coisa em questão deva ser considerada legítima? E existe algum outro padrão disponível para a distinção entre *profiteering* e lucros legítimos além daquele fornecido por julgamentos pessoais de valor?

A professora Stebbing falou sobre os famosos argumentos *acervus* e *calvus* dos antigos lógicos. Muitas palavras são vagas na medida em que se aplicam a

---

103. Ver STEBBING, L. Susan. *Thinking to Some Purpose*. Pelican Books, A44, p. 185-87.

características que podem ser possuídas em graus variados. É impossível traçar uma linha nítida entre aqueles que são carecas e aqueles que não o são. É impossível definir com precisão o conceito de calvície. Mas o que a professora Stebbing não percebeu é que a característica segundo a qual as pessoas distinguem entre aqueles que são carecas e aqueles que não o são está sujeita a uma definição precisa. Esta característica é a presença ou ausência de cabelos na cabeça de uma pessoa. Esta é uma marca clara e inequívoca cuja presença ou ausência deve ser estabelecida pela observação e expressa por proposições sobre a existência. O que é vago é apenas a determinação do ponto em que a não calvície se transforma em calvície. As pessoas podem discordar no que diz respeito à determinação deste ponto. Mas a discordância deles tem relação com a interpretação da convenção que atribui certo significado à palavra calvície. Nenhum julgamento de valor está implícito. É claro que pode acontecer que a diferença de opinião seja, num caso concreto, causada por preconceito. Mas isso é outra coisa.

A imprecisão de palavras como "careca" é a mesma que é inerente aos numerais e pronomes indefinidos. A linguagem precisa de termos tais que, para muitos propósitos da comunicação diária entre os homens, um estabelecimento aritmético exato de quantidades é supérfluo e muito incômodo. Os lógicos estão gravemente enganados ao tentarem atribuir a tais palavras, cuja imprecisão é intencional e serve a propósitos definidos, a precisão dos numerais definidos. Para quem planeja visitar Seattle, a informação de que existem muitos hotéis nesta cidade é suficiente. Um comitê que planeja realizar uma convenção em Seattle precisa de informações precisas sobre o número de quartos de hotel disponíveis.

O erro da professora Stebbing consistiu na confusão de proposições existenciais com juízos de valor. Sua falta de familiaridade com os problemas da economia, que todos os seus valiosos escritos exibem, tirou-a do ambiente que ela domina. Ela não teria cometido tal erro em um campo que ela conhecia melhor. Ela não teria declarado que existe uma distinção clara entre os "royalties legítimos" e os "royalties ilegítimos" de um autor. Ela teria compreendido que o valor dos royalties depende do valor que o público dá a um livro e que um observador que critica o valor dos royalties apenas expressa o seu julgamento pessoal de valor.

### E SE OS LUCROS FOSSEM ABOLIDOS?

Aqueles que rejeitam o lucro empresarial como "imerecido" querem dizer que se trata de algo injustamente negado aos trabalhadores, ou aos consumidores, ou a ambos. Esta é a ideia subjacente ao alegado "direito a tudo que é produto do trabalho" e à doutrina marxista da exploração. Pode dizer-se que a maioria dos governos – se não todos – e a imensa maioria dos nossos contemporâneos apoiam esta opinião, embora alguns deles sejam suficientemente generosos para concordar com a sugestão de que uma fração dos lucros deveria ser deixada aos "exploradores".

Não adianta discutir sobre a adequação dos preceitos éticos. Eles derivam da intuição; eles são arbitrários e subjetivos. Não existe nenhum padrão objetivo disponível com relação ao qual eles possam ser julgados. Os fins últimos são escolhidos pelos julgamentos de valor do indivíduo. Eles não podem ser determinados pela investigação científica e pelo raciocínio lógico. Se um homem diz: "É isso que pretendo, quaisquer que sejam as consequências da minha conduta e o preço que terei de pagar por isso", ninguém está em posição de se opor a quaisquer argumentos contrários. Mas a questão é se é realmente verdade que este homem está disposto a pagar qualquer preço para atingir o fim em questão. Se esta última questão for respondida negativamente, torna-se possível proceder a um exame da questão sob debate.

Se existissem, de fato, pessoas preparadas para suportar todas as consequências da abolição do lucro, por mais prejudiciais que elas sejam, não seria possível à economia lidar com o problema. Mas este não é o caso. Aqueles que querem abolir o lucro são guiados pela ideia de que este confisco melhoraria o bem-estar material de todos os não-empreendedores. Aos seus olhos, a abolição do lucro não é um fim último, mas um meio para atingir um fim definido, qual seja, o enriquecimento dos não-empreendedores. Se este fim pode realmente ser alcançado pelo emprego dos meio que estão sendo sugeridos e se o emprego destes meios não traz talvez alguns outros efeitos que podem para algumas ou todas as pessoas parecer mais indesejáveis do que as condições anteriores ao emprego destes meios, estas são questões que a economia é chamada a examinar.

A ideia de abolir o lucro em benefício dos consumidores implica em que o empreendedor seja forçado a vender os produtos a preços que não excedam os custos de produção. Como esses preços são, para todos os artigos cuja venda teria gerado lucro, abaixo do preço potencial de mercado, a oferta disponível não é suficiente para permitir que todos aqueles que queiram comprar a esses preços adquiram os artigos. O mercado está paralisado pelo decreto de teto de preços. O mercado não pode mais alocar os produtos aos consumidores. Um sistema de racionamento deve ser adotado.

A sugestão de abolir o lucro do empreendedor em benefício dos empregados não visa a abolição do lucro. O objetivo é arrancá-lo das mãos do empreendedor e entregá-lo aos seus empregados.

Sob tal regime, a incidência de eventuais prejuízos recairia sobre o empreendedor, enquanto os lucros vão para os empregados. É provável que o efeito deste acordo consistisse em fazer aumentar as prejuízos e diminuir os lucros. De qualquer forma, uma parte maior dos lucros seria consumida e uma parte menor seria poupada e reinvestida na empresa. Nenhum capital estaria disponível para o estabelecimento de novos ramos de produção e para a transferência de capital de ramos industriais que – em conformidade com a procura dos clientes – deveriam reduzir em naqueles que deveriam ser expandidos. Pois seria prejudicial aos interesses daqueles que trabalham numa determinada empresa ou ramo restringir o capital nela empregado e transferi-lo para outra empresa ou ramo. Se tal esquema tivesse sido adotado há meio século, todas as inovações realizadas neste período teriam sido impossíveis. Se, para fins de argumentação, estivéssemos preparados para deixar de lado qualquer referência ao problema da acumulação de capital, ainda teríamos de compreender que dar lucro aos empregados deve resultar na rigidez do estado de produção até então alcançado e assim impedir qualquer ajustamento, melhoria e progresso.

Na verdade, o esquema transferiria a propriedade do capital investido para as mãos dos empregados. Seria equivalente ao estabelecimento do sindicalismo e geraria todos os efeitos do sindicalismo, um sistema que nenhum autor ou reformador em momento algum vez teve a coragem de defender abertamente.

Uma terceira solução para o problema seria confiscar todos os lucros obtidos pelos empreendedores em benefício do Estado. Um imposto de cem por cento sobre os lucros cumpriria esta tarefa. Isso transformaria os empreendedores em administradores irresponsáveis de todas as fábricas e oficinas. Eles não estariam mais sujeitos à supremacia do público comprador. Seriam apenas pessoas que têm o poder de lidar com a produção como lhes parece mais correto.

As políticas de todos os governos contemporâneos que não adotaram o socialismo total aplicam todos estes três esquemas em conjunto. Confiscam, através de diversas medidas de controle de preços, uma parte dos lucros potenciais para o alegado benefício dos consumidores. Apoiam os sindicatos nos seus esforços para confiscar, defendendo-se sob o princípio da "capacidade para pagar" para a determinação dos salários, uma parte dos lucros dos empreendedores. E, por último mas não menos importante, pretendem confiscar, através de impostos progressivos sobre a renda, impostos especiais sobre o renda das empresas e impostos sobre "lucros excedentes", uma parte cada vez maior dos lucros para receitas públicas. É fácil ver que estas políticas, se continuadas, muito em breve conseguirão abolir completamente o lucro empreendedor.

O efeito conjunto da aplicação destas políticas já é hoje um caos crescente. O efeito final será a plena realização do socialismo, eliminando os empreendedores. O capitalismo não pode sobreviver à abolição do lucro. São os lucros e os prejuízos que forçam os capitalistas a empregar o seu capital para o melhor serviço possível aos consumidores. São os lucros e os prejuízos que tornam as pessoas supremas na condução dos negócios e mais capazes de satisfazer o público. Se o lucro for abolido, o resultado será o caos.

**LUCROS E PREJUÍZOS SÃO A BÚSSOLA DO EMPREENDEDOR**
Todas as razões apresentadas a favor de uma política antilucro são o resultado de uma interpretação errada do funcionamento da economia de mercado.

Os magnatas são muito poderosos, muito ricos e grandes demais. Eles abusam do seu poder para seu próprio enriquecimento. Eles são tiranos irresponsáveis.

A grandeza de uma empresa é em si um mal. Não há razão para que alguns homens possuam milhões enquanto outros são pobres. A riqueza de poucos é a causa da pobreza das massas.

Cada palavra destas denúncias apaixonadas é falsa. Os homens de negócios não são tiranos irresponsáveis. É precisamente a necessidade de obter lucros e evitar prejuízos que dá aos consumidores um forte controle sobre os empreendedores e os obriga a satisfazer os desejos do povo. O que torna uma empresa grande é o seu sucesso em atender melhor às demandas dos compradores. Se a empresa maior não servisse melhor o povo do que uma empresa menor, há muito tempo a empresa maior teria sido reduzida à pequenez. Não há mal nenhum nos esforços de um homem de negócios para enriquecer aumentando os seus lucros. O homem de negócios tem na sua qualidade de homem de negócios somente uma tarefa: lutar pelo maior lucro possível. Lucros enormes são a prova do bom serviço prestado no abastecimento aos consumidores. Os prejuízos são a prova dos erros cometidos, do não cumprimento satisfatório das tarefas que cabem ao empreendedor. A riqueza dos empreendedores de sucesso não é a causa da pobreza de ninguém; tais riquezas são consequências do fato de os consumidores estarem mais bem abastecidos do que estariam na ausência do esforço do empreendedor. A penúria de milhões nos países atrasados não é causada pela opulência de ninguém; é a resposta ao fato de o seu país carecer de empreendedores que se tornaram ricos. O padrão de vida do homem comum é mais elevado nos países que têm o maior número de empreendedores ricos. É do principal interesse material de todos que o controle dos fatores de produção seja concentrado nas mãos daqueles que sabem como utilizá-los da forma mais eficiente.

É objetivo declarado das políticas de todos os governos e partidos políticos dos nossos dias impedir o surgimento de novos milionários. Se esta política tivesse sido adotada nos Estados Unidos há cinquenta anos, o crescimento das indústrias produtoras de novos artigos teria sido atrofiado. Automóveis, refrigeradores, aparelhos de rádio e uma centena de outras inovações menos espetaculares mas ainda mais úteis não teriam se tornado coisas comuns na maioria dos lares americanos.

O assalariado médio pensa que nada mais é necessário para manter o aparelho social de produção em funcionamento e para melhorar e aumentar a produção do que o trabalho rotineiro comparativamente simples que lhe é atribuído. Ele não percebe que o mero esforço e dificuldade enfrentada no trabalho pelo trabalhador rotineiro não é suficiente. A diligência e a habilidade são gastas em vão se não forem direcionadas para o objetivo mais importante pela visão do empreendedor e não forem auxiliadas pelo capital acumulado pelos capitalistas. O trabalhador americano está gravemente enganado quando acredita que o seu elevado padrão de vida se deve à sua própria excelência. Ele não é mais trabalhador nem mais habilidoso que os trabalhadores da Europa Ocidental. Ele deve o seu rendimento superior ao fato de o seu país se ter agarrado ao "individualismo áspero" durante muito mais tempo do que a Europa. Foi sorte deste trabalhador que os Estados Unidos se tenham voltado para uma política anticapitalista quarenta ou cinquenta anos depois da Alemanha. Os seus salários são mais altos do que os dos trabalhadores do resto do mundo porque o capital disponível *per capita* é mais alto na América e porque o empreendedor americano não foi tão restringido por uma organização paralisante como os seus colegas noutros lugares do mundo. A prosperidade comparativamente maior dos Estados Unidos é o resultado do fato de o New Deal não ter surgido em 1900 ou 1910, mas apenas em 1933.

Se quisermos estudar as razões do atraso da Europa, seria necessário examinar as múltiplas legislações e regulamentos que impediram na Europa o estabelecimento de algo equivalente à drogaria americana e paralisaram a evolução de cadeias de lojas, lojas de departamentos, supermercados e estabelecimentos semelhantes. Seria importante investigar o esforço do Reich alemão para proteger os métodos ineficientes do *Handwerk* [artesanato] tradicional contra a concorrência dos negócios capitalistas. Ainda mais revelador seria um exame da *Gewerbepolitik* [política de energia] austríaca, uma política que, a partir do início dos anos [mil oitocentos e] oitenta, tinha por objetivo preservar a estrutura econômica dos tempos anteriores à Revolução Industrial.

A pior ameaça à prosperidade e à civilização e ao bem-estar material dos assalariados é a incapacidade dos chefes sindicais, dos "economistas sindicais" e das camadas menos inteligentes dos próprios trabalhadores em ter a devida consideração pelo papel que os empreendedores desempenham na produção. Esta falta de compreensão encontrou uma expressão clássica nos escritos de Lenin. Na opinião de Lenin, tudo o que a produção exige, para além do trabalho manual do trabalhador e da concepção dos engenheiros, é o "controle da produção e da distribuição", uma tarefa que pode ser facilmente realizada "pelos trabalhadores armados". Pois esta contabilidade e controle "foram simplificados ao máximo pelo capitalismo, até se tornarem operações extraordinariamente simples de observação, registro e emissão de recibos, ao alcance de todos os que sabem ler e escrever e conhecem as quatro operações aritméticas"[104]. Não são necessários mais comentários.

Aos olhos dos partidos que se autodenominam progressistas e de esquerda, o principal vício do capitalismo é a desigualdade de renda e de riqueza. O fim último das suas políticas é estabelecer a igualdade. Os moderados querem atingir este objetivo passo a passo; os radicais planejam alcançá-lo de uma só vez, através de uma derrubada revolucionária do modo de produção capitalista.

---

104. Ver LÊNIN, V. I. *O Estado e a Revolução*. Campinas: UNICAMP, 2011, p. 81-82. (N. E.)

Contudo, ao falar de igualdade e ao pedir veementemente a sua realização, ninguém defende uma redução do sua própria renda atual. O termo igualdade, tal como utilizado na linguagem política contemporânea, significa sempre um nivelamento ascendente da renda de alguém, nunca um nivelamento para baixo. Significa obter mais, não partilhar a própria riqueza com pessoas que têm menos.

Se o trabalhador da indústria automobilística, ferroviária ou editorial[105] americana fala a palavra "igualdade", ele quer dizer expropriar os detentores de ações e títulos em seu próprio benefício. Ele não considera partilhar os seus rendimentos com os trabalhadores não qualificados que ganham menos do que ele mesmo. Na melhor das hipóteses, ele pensa na igualdade de todos os cidadãos americanos. Nunca lhe ocorreu que os povos da América Latina, Ásia e África possam interpretar o postulado da igualdade como igualdade mundial e não como igualdade nacional.

### A EQUALIZAÇÃO DA RENDA MUNDIAL PREJUDICARIA O MERCADO INTERNACIONAL DE CAPITAIS

O movimento político operário, bem como o movimento sindical, anunciam para quem quiser ouvir o seu internacionalismo. Mas este propagado internacionalismo é um mero gesto retórico sem qualquer significado substancial. Em todos os países onde os

---

105. No original Mises menciona os compositors, indivíduos que trabalhavam na indústria editorial usando, manualmente, as letras para compor as páginas que seriam usadas para imprimir os jornais ou livros. (N. T.)

salários médios são mais altos do que em qualquer outros países, os sindicatos defendem barreiras de imigração intransponíveis, usadas para evitar que "camaradas" e "irmãos" estrangeiros concorram com os trabalhadores daqueles mesmos países onde os sindicatos estão presentes. Comparada com as leis anti-imigração das nações europeias, a legislação de imigração da república americana é realmente branda porque permite a imigração de um número limitado de pessoas. Nem mesmo essa quotas normais são previstas pela maioria das legislações europeias.

Todos os argumentos postos a favor da equalização dos salários dentro de um país podem, com a mesma justificativa ou falta de justificativa, também ser postos a favor da equalização mundial dos salários. Um trabalhador americano não está em melhor posição para reclamar sobre as poupanças do capitalista americano do que qualquer estrangeiro. O fato de um homem ter obtido lucros servindo aos consumidores e não ter consumido inteiramente os aquilo que obteve, mas investido a maior parte deles em equipamento industrial, não dá a ninguém o direito de expropriar este capital em seu próprio benefício. Mas se alguém pensar de maneira contrária, certamente não há razão para atribuir a alguém o direito de expropriar em detrimento de dar o mesmo direito à outra pessoa qualquer. Não há razão para afirmar que apenas os americanos têm o direito de expropriar outros americanos. Os figurões dos negócios americanos são os descendentes de pessoas que imigraram para os Estados Unidos da

Inglaterra, Escócia, Irlanda, França, Alemanha e outros países europeus. As pessoas dos seus países de origem afirmam que tem o mesmo título para confiscar os bens adquiridos por estes homens que o povo americano tem. Os radicais americanos estão gravemente equivocados ao acreditar que o seu programa social é idêntico ou pelo menos compatível com os objetivos dos radicais de outros países. Não é. Os radicais estrangeiros não concordarão em deixar aos americanos, uma minoria de menos de sete por cento da população total do mundo, o que consideram ser uma posição privilegiada. Um governo mundial do tipo que os radicais americanos estão defendendo tentaria confiscar, através de um imposto sobre o rendimento mundial, todo o excedente que um americano médio ganha acima do rendimento médio de um trabalhador chinês ou indiano. Aqueles que questionam a veracidade desta afirmação abandonariam as suas dúvidas após uma conversa com qualquer um dos líderes intelectuais da Ásia.

Não há praticamente nenhum iraniano que qualifique as objeções levantadas pelo governo trabalhista britânico contra o confisco dos poços de petróleo como outra coisa senão uma manifestação do espírito mais reacionário da exploração capitalista. Hoje em dia, os governos evitam expropriar virtualmente os investimentos estrangeiros – usando controle cambial, de impostos discriminatórios e dispositivos semelhantes – somente se esperarem obter nos próximos anos mais capital estrangeiro e, assim, poder no futuro expropriar uma quantidade maior.

A desintegração do mercado internacional de capitais é um dos efeitos mais importantes da mentalidade antilucro do nosso tempo. Mas não menos desastroso é o fato de a maior parte da população mundial olhar para os Estados Unidos – não apenas para os capitalistas americanos, mas também para os trabalhadores americanos – com os mesmos sentimentos de inveja, ódio e hostilidade com que, estimuladas pela doutrinas socialistas e comunistas, as massas no mundo todo olham para os capitalistas da suas próprias nações.

## Os programas governamentais alcançarão seus objetivos?

Um método habitual de lidar com programas e movimentos políticos é explicar e justificar a sua popularidade partindo das condições que as pessoas consideraram insatisfatórias e dos objetivos que pretendem alcançar através da realização desses programas.

Contudo, a única coisa que importa é se o programa em questão é adequado ou não para atingir os fins que pretende atingir. Um mau programa e uma má política nunca podem ser explicados, e menos ainda justificados apontando para as condições insatisfatórias dos seus criadores e daqueles que os apoiam. A única coisa que conta é se estas políticas ou programas são ou não são capazes de remover ou aliviar os males que foram concebidas para remediar.

No entanto, quase todos os nossos contemporâneos declaram repetidamente: Se quisermos ter sucesso na luta contra o comunismo, o socialismo e o intervencionismo, devemos antes de mais nada melhorar as condições materiais das pessoas. A política de *laissez-faire* visa precisamente tornar as pessoas mais prósperas. Mas não poderá ter sucesso enquanto for cada vez mais agravada por medidas socialistas e intervencionistas.

Num prazo muito curto, as condições de uma parte da população podem ser melhoradas através da expropriação de empreendedores e capitalistas e da distribuição daquilo que foi saqueado. Mas tais incursões predatórias, que até o *Manifesto Comunista* descreveu como "despóticas" e como "economicamente insuficientes e insustentáveis", sabotam o funcionamento da economia de mercado, e muito em breve prejudicam as condições de todas as pessoas e frustram os esforços feitos pelos empreendedores e capitalistas para tornar as massas mais prósperas. O que é bom para um instante que desaparece rapidamente (isto é, no curto prazo) pode muito em breve (isto é, no longo prazo) resultar em consequências muito prejudiciais.

Os historiadores erram ao explicar a ascensão do nazismo referindo-se às adversidades e dificuldades reais ou imaginárias do povo alemão. O que fez os alemães apoiarem quase unanimemente os vinte e cinco pontos do programa "inalterável" de Hitler não foram algumas condições que consideraram insatisfatórias, mas a sua expectativa de que a execução deste programa eliminaria os seus problemas e os tornaria mais felizes. Eles se voltaram para o nazismo porque lhes faltava bom senso e inteligência. Não foram suficientemente criteriosos para reconhecer a tempo os desastres que o nazismo iria provocar sobre eles.

    A imensa maioria da população mundial é extremamente pobre quando comparada com o padrão de vida médio das nações capitalistas. Mas esta pobreza não explica a sua propensão para adotar o programa comunista. Estas pessoas são anticapitalistas porque estão cegas pela inveja, são ignorantes e muito estúpidas para apreciar corretamente as causas de seus problemas. Só existe um meio de melhorar as suas condições materiais, nomeadamente, convencê-las de que só o capitalismo pode torná-las mais prósperas.

    O pior método para combater o comunismo é o do Plano Marshall. Este método dá aos beneficiários a impressão de que só os Estados Unidos estão interessados na preservação do sistema de lucro, enquanto as suas próprias preocupações exigem um regime comunista. Os Estados Unidos, pensam eles, estão ajudando porque o povo americano tem a consciência pesada. Os cidadãos dos outros países se beneficiam deste suborno, mas as suas simpatias continuam com o sistema socialista. Os subsídios americanos permitem aos governos dos outros países ocultarem parcialmente os efeitos desastrosos das várias medidas socialistas que adotaram.

    A pobreza não é a fonte do socialismo, sua fonte está nas proposições ideológicas espúrias. A maioria dos nossos contemporâneos rejeita de antemão, sem nunca os ter estudado, todos os ensinamentos da economia como um disparate apriorístico. Somente a experiência, afirmam eles, é digna de confiança. Mas existe alguma experiência que fale a favor do socialismo?

Retruca o socialista: Mas o capitalismo cria pobreza; olhe para a Índia e China. A objeção é vã. Nem a Índia nem a China tiveram, em momento algum, o sistema capitalista estabelecido. A sua pobreza é o resultado da ausência de capitalismo.

O que aconteceu nestes dois e noutros países subdesenvolvidos foi que foram beneficiados no exterior por alguns dos frutos do capitalismo sem terem adotado o modo de produção capitalista. Os capitalistas europeus, e em anos mais recentes também os capitalistas americanos, investiram capital naquelas regiões geográficas e, assim, aumentaram a produtividade marginal do trabalho e os salários. Ao mesmo tempo, estes povos recebiam do exterior os meios para combater doenças contagiosas, medicamentos desenvolvidos nos países capitalistas. Consequentemente, as taxas de mortalidade, especialmente a mortalidade infantil, caíram consideravelmente. Nos países capitalistas este prolongamento da duração média de vida foi parcialmente compensado por uma queda na taxa de natalidade. À medida que a acumulação de capital aumentava mais rapidamente do que a população, a proporção *per capita* de capital investido crescia continuamente. O resultado foi uma prosperidade progressiva. Isto aconteceu de forma diferente nos países que desfrutaram de alguns dos efeitos do capitalismo sem recorrer ao capitalismo em si. Naqueles países a taxa de natalidade não diminuiu de todo ou não diminuiu na medida necessária para fazer aumentar a proporção *per capita* de capital investido. Estas nações impedem, através das suas políticas, tanto a importação de capital estrangeiro como a acumulação de capital interno. O efeito conjunto da elevada taxa de natalidade e da ausência de crescimento do estoque de capital está, obviamente, aumentando a pobreza.

Existe apenas um meio de melhorar o bem-estar material dos homens, a saber, acelerar o aumento do capital acumulado em relação à população. Nenhuma elucubração psicológica, por mais sofisticada que seja, pode alterar esse fato. Não há qualquer desculpa para a implantação de políticas que não só não conseguem atingir os fins pretendidos, como até prejudicam gravemente a perseguição destas condições.

Assim que o problema dos lucros é levantado, as pessoas transferem-no da esfera praxiológica para a esfera dos julgamentos éticos de valor. Então todos se colocam sob a auréola de um santo e de um asceta. O indivíduo mesmo não se importa com dinheiro e bem-estar material. Ele serve aos seus semelhantes com o melhor de suas habilidades, desinteressadamente. Ele se esforça por coisas mais elevadas e nobres do que a riqueza. Graças a Deus, ele não é um daqueles aproveitadores egoístas.

### Homens de negócios melhoram a cooperação social e o bem-estar econômico lucrando

Os homens de negócios são culpados porque a única coisa que têm em mente é conseguir sucesso. No entanto, todos – sem exceção alguma – ao agir visam a obtenção de um fim definido. A única alternativa para o sucesso é o fracasso; ninguém quer falhar. É da própria essência da natureza humana que o homem pretenda conscientemente substituir um estado de coisas menos satisfatório por um mais satisfatório. O que distingue o homem decente do canalha são os diferentes objetivos que eles têm e os diferentes meios aos quais recorrem para atingir os fins escolhidos. Mas ambos querem ter sucesso nas suas empreitadas. É logicamente impossível distinguir entre pessoas que visam o sucesso e aquelas que não o fazem.

Praticamente todos visam melhorar as condições materiais da sua existência. A opinião pública não se ofende com os esforços dos agricultores, trabalhadores, escriturários, professores, médicos, ministros e pessoas de muitas outras profissões para ganharem o máximo que puderem. Mas a mesma opinião pública censura os capitalistas e os empreendedores pela sua ganância. Embora desfrute, sem escrúpulos, de todos os bens que o negócio entrega, o consumidor condena veementemente o egoísmo dos fornecedores deste produto. O consumidor não percebe que ele mesmo cria os lucros lutando pelas coisas que os empreendedores têm para vender.

Nem o homem comum compreende que os lucros são indispensáveis para dirigir as atividades empresariais para os canais em que melhor o servem. Ele encara os lucros como se a sua única função fosse permitir aos beneficiários daqueles lucros consumirem mais do que ele próprio. Ele não consegue perceber que a principal função dos lucros é transferir o controle dos fatores de produção para as mãos daqueles que melhor os utilizam para os seus próprios fins. Ele não deixou de, como pensa, se tornar empreendedor por escrúpulos morais. Ele escolheu uma posição com um rendimento mais modesto porque não tinha as capacidades necessárias para o empreendedorismo ou, em casos raros, porque as suas inclinações o levaram a adotar outra carreira.

    A humanidade deve ser grata a esses homens excepcionais que, por zelo científico, entusiasmo humanitário ou fé religiosa, sacrificaram as suas vidas, saúde e riqueza ao serviço dos seus semelhantes. Mas os filisteus praticam o autoengano ao se compararem com os pioneiros da aplicação médica de raios-X ou com as freiras que atendem pessoas atingidas pela peste. Não é a abnegação que faz, na média, o médico escolher a carreira médica, mas a expectativa de alcançar uma posição social respeitada e um rendimento adequado. Todos estão ansiosos para cobrar por seus serviços e realizações tanto quanto os consumidores puderem suportar pagar. A este respeito não há diferença entre os trabalhadores, sindicalizados ou não, os ministros e professores, por um lado, e os empreendedores, por outro. Nenhum deles tem o direito de falar como se fosse Francisco de Assis.

## O QUE É MORALMENTE BOM PROMOVE A COOPERAÇÃO SOCIAL

Não existe outro padrão do que é moralmente bom e moralmente mau do que os efeitos produzidos pela conduta da ação sobre a cooperação social. Um indivíduo – hipotético – isolado e autossuficiente, ao agir, não teria que levar em conta nada além de seu próprio bem-estar. O homem que vive em sociedade deve, em todas as suas ações, evitar qualquer conduta que possa pôr em risco o bom funcionamento do sistema de cooperação social. Ao cumprir a lei moral, o homem não sacrifica as suas próprias preocupações às de uma entidade mítica superior, quer seja chamada de classe, Estado, nação, raça ou humanidade. Ele restringe alguns dos seus próprios impulsos instintivos, de seus apetites e de sua ganância, que são as suas preocupações de curto prazo, a fim de servir melhor os seus próprios interesses – corretamente compreendidos ou de longo prazo. Ele renuncia a um pequeno ganho que poderia obter instantaneamente, para não perder uma satisfação maior, porém posterior. Pois a realização de todos os fins humanos, quaisquer que sejam, está condicionada pela preservação e pelo maior desenvolvimento dos laços sociais e da cooperação entre os seres humanos. Aquilo que é um meio indispensável para intensificar a cooperação social e permitir que mais pessoas sobrevivam e desfrutem de um nível de vida mais elevado é moralmente bom e socialmente desejável. Aqueles que rejeitam este princípio como anticristão devem ponderar sobre o texto: "Para que se prolonguem os teus dias na terra que o Senhor teu Deus te dá". Certamente não podem negar que o capitalismo tornou os dias do homem mais longos do que eram nas eras pré-capitalistas.

Não há razão para que os capitalistas e os empreendedores tenham vergonha de obter lucros. É tolice que algumas pessoas tentem defender o capitalismo americano declarando: "O histórico dos negócios americanos é bom; os lucros não são muito altos". A função dos empreendedores é obter lucros; lucros altos são a prova de que os empreendedores desempenharam bem a sua tarefa de eliminar os desajustes da produção.

É claro que, em regra, os capitalistas e os empreendedores não são santos que se destacam na virtude da abnegação. Mas os seus críticos também não são santos. E com toda a consideração devida à sublime autoanulação dos santos, não podemos deixar de afirmar o fato de que o mundo estaria numa condição bastante desoladora se fosse povoado exclusivamente por homens desinteressados da busca do bem-estar material.

### Os socialistas ignoram o papel da mudança e das decisões empreendedoras na produção e criação de riqueza

O homem comum carece de imaginação para perceber que as condições de vida e de ação estão num fluxo contínuo. Na sua opinião, não há mudança nos objetos externos que constituem o seu bem-estar. Sua visão de mundo é estática e estacionária. Esta visão reflete um ambiente estagnado. Ele não sabe que o passado foi diferente do presente nem que prevalece a incerteza sobre as coisas futuras. Ele não consegue conceber a função do empreendedorismo porque não tem consciência desta incerteza. Como as crianças que pegam tudo o que os pais lhes dão sem fazer perguntas, ele pega todos os bens que os negócios lhe oferecem. Ele não tem consciência dos esforços que lhe proporcionam ter acesso a tudo o que precisa. Ele ignora o papel da acumulação de capital e das decisões dos empreendedores. Ele simplesmente toma como certo que uma mesa mágica aparece a qualquer momento carregada com tudo o que ele deseja desfrutar.

Esta mentalidade está refletida na ideia popular de socialização. Uma vez expulsos os capitalistas e empreendedores parasitas, o indivíduo mesmo receberá tudo o que aqueles parasitas costumavam consumir. O erro menor desta expectativa é o de superestimar grotescamente o aumento da renda, se houver, que cada indivíduo poderia receber de tal distribuição. Muito mais sério é o fato de assumir que a única coisa necessária é continuar, nas diversas fábricas, a produção dos bens que estão sendo produzidos no momento da socialização, da forma como foram até agora produzidos. Não se leva em conta a necessidade de reajustar diariamente a produção às condições em constante mudança. O socialista diletante não compreende que uma socialização efetuada há cinquenta anos não teria socializado a estrutura empresarial tal como ela existe hoje, mas sim uma estrutura muito diferente. Ele não pensa no enorme esforço que é necessário para transformar os negócios continuamente e prestar o melhor serviço possível.

Esta incapacidade amadora de compreender as questões essenciais da condução dos assuntos de produção não se manifesta apenas nos escritos de Marx e Engels. Ela também permeia as contribuições da pseudoeconomia contemporânea.

A construção imaginária de uma economia uniformemente circular é uma ferramenta mental indispensável do pensamento econômico. Para conceber a função dos lucros e prejuízos, o economista constrói a imagem de um estado de coisas hipotético, embora irrealizável, no qual nada muda, no qual o amanhã não difere em nada do hoje e no qual, consequentemente, não podem surgir desajustes e não há necessidade de qualquer alteração na condução dos negócios. No quadro desta construção imaginária não há empreendedores, não há lucros ou prejuízos para o empreendedor. As rodas giram espontaneamente, por assim dizer. Mas o mundo real em que os homens vivem e têm de trabalhar nunca poderá emular o mundo hipotético desta construção mental.

Ora, uma das principais deficiências dos economistas matemáticos é que eles lidam com esta economia uniformemente circular – chamam-lhe estado estático[106] – como se fosse algo realmente existente. Preocupados com a falácia de que a economia deve ser tratada com métodos matemáticos, eles concentram seus esforços na análise de estados estáticos que, evidentemente, permitem uma descrição em conjuntos de equações diferenciais simultâneas. Mas este tratamento matemático evita virtualmente qualquer referência

---

106. Aqui Mises está comparando a economia uniformemente circular com o equilíbrio geral (ou parcial) usado pelos economistas matemáticos. Alguns artigos científicos exploram esta comparação e demonstram que ela não é de todo precisa, isto é, que a economia uniformemente circular não corresponde ao estado de equilíbrio. (N. T.)

aos problemas reais da economia. Esta abordagem se entrega a jogos matemáticos totalmente inúteis, sem acrescentar nada à compreensão dos problemas da ação e da produção humanas. Ela cria o mal-entendido como se a análise dos estados estáticos fosse a principal preocupação da economia. Confunde uma ferramenta meramente auxiliar de pensamento com a realidade.

O economista matemático está tão cego pelo seu preconceito epistemológico que simplesmente não consegue ver quais são as tarefas da economia. Ele deseja ansiosamente mostrar que o socialismo é realizável sob condições estáticas. Como as condições estáticas, como ele próprio admite, são irrealizáveis, isto equivale apenas à afirmação de que num estado irrealizável do mundo o socialismo seria realizável. Um resultado muito valioso, aliás, de cem anos de trabalho conjunto de centenas de autores, ensinados em todas as universidades, divulgados em inúmeros livros e monografias e em dezenas de revistas supostamente científicas!

Não existe economia estática. Todas as conclusões derivadas da preocupação com a imagem dos estados estáticos e do equilíbrio estático são inúteis para a descrição do mundo como ele é e sempre será.

### Os homens devem escolher o capitalismo ou o socialismo: não existe meio-termo

Uma ordem social baseada no controle privado dos meios de produção não pode funcionar sem ação empreendedora e lucro empreendedor e, claro, prejuízos empreendedores. A eliminação do lucro, quaisquer que sejam os métodos utilizados para a sua execução, deve transformar a sociedade numa confusão sem sentido. Isso criaria pobreza para todos.

Num sistema socialista não há empreendedores nem lucros ou prejuízos empreendedores. O diretor supremo da comunidade socialista teria, no entanto, de lutar da mesma forma por um excedente de receitas sobre os custos como os empreendedores fazem sob o capitalismo. Não é tarefa deste ensaio lidar com o socialismo. Portanto, não é necessário sublinhar que, não sendo capaz de aplicar qualquer tipo de cálculo econômico, o líder socialista nunca saberia quais são os custos e quais são os rendimentos das suas operações.

O que importa neste contexto é apenas o fato de não existir um terceiro sistema viável. Não pode existir um sistema não-socialista sem lucros e prejuízos empreendedores. Os esforços para eliminar os lucros do sistema capitalista são meramente destrutivos. Eles desintegram o capitalismo sem colocar nada no seu lugar. É isto que temos em mente ao afirmar que tais esforços resultariam no caos.

Os indivíduos devem escolher entre o capitalismo e o socialismo. Eles não podem evitar este dilema recorrendo a um sistema capitalista sem lucro empreendedor. Cada passo em direção à eliminação do lucro é um progresso no caminho para a desintegração social.

Ao escolher entre o capitalismo e o socialismo, as pessoas estão implicitamente também escolhendo entre todas as instituições sociais que são necessariamente acompanham cada um destes sistemas, as suas "superestruturas", como disse Marx. Se o controle da produção for transferido das mãos dos empreendedores, diariamente eleitos de novo e de novo por um plebiscito dos consumidores, para as mãos do comandante supremo dos "exércitos industriais" (como em Marx e Engels) ou para as mãos dos "trabalhadores armados" (como em Lenin), nem o governo representativo nem quaisquer liberdades civis podem sobreviver. "Wall Street" – a Rua do Muro – contra a qual lutam os autoproclamados idealistas, é apenas um símbolo. Mas os muros das prisões soviéticas, dentro dos quais todos os dissidentes desaparecem para sempre, são um fato concreto.

## COLEÇÃO
# LUDWIG VON MISES

Liberdade, Valores e Mercado são os princípios que orientam a LVM Editora na missão de publicar obras de renomados autores brasileiros e estrangeiros nas áreas de Filosofia, História, Ciências Sociais e Economia. Merece destaque em nosso catálogo a prestigiosa Coleção von Mises, do famoso economista austríaco Ludwig von Mises (1881-1973), publicadas em edições críticas, acrescidas de apresentações, prefácios e posfácios escritos por grandes especialistas brasileiros e estrangeiros, além de notas do editor.

**OS DOIS VOLUMES DO BOX E AS EDIÇÕES ANTERIORES VOCÊ ENCONTRA NAS MELHORES LIVRARIAS.**

**A LVM também recomenda**

**LUDWIG VON MISES**

*A MAGNUM OPUS DE MISES*

**AÇÃO HUMANA**
UM TRATADO DE ECONOMIA

*Ação Humana* de Ludwig von Mises, uma obra seminal na ciência econômica do século XX, enfoca a Teoria da Ação Humana como a base essencial para entender os processos econômicos. Mises refuta teorias que negligenciam a participação humana e enfatiza que toda a economia se origina das escolhas individuais. Este tratado não apenas explora os aspectos econômicos, mas também os valores humanos e a responsabilidade individual. Essencial para acadêmicos e leitores interessados em compreender preços, inflação, livre iniciativa e o funcionamento do mercado.

**DISPONÍVEL NAS MELHORES LIVRARIAS**

Acompanhe a LVM Editora nas Redes Sociais

https://www.facebook.com/LVMeditora/

https://www.instagram.com/lvmeditora/

Esta edição foi preparada pela LVM Editora e por Décio Lopes,
com tipografia PSFournier Std e Caviar Dreams, em abril de 2024.

Esta edição foi preparada pela LVM Editora e por Décio Lopes, com tipografia Baskerville e Jost, em outubro de 2022.

Acompanhe a LVM Editora nas Redes Sociais

https://www.facebook.com/LVMEditora/

https://www.instagram.com/lvmeditora/